密教の仏がわかる本

不動明王、両界曼荼羅、十三仏など

下泉全暁
Zengyo Shimoizumi

大法輪閣

密蔵深玄《みつぞうしんげん》にして翰墨《かんぼく》に載せがたし。
更《さら》に図画を仮《か》りて悟らざるに開示《かいじ》す。

（空海『御請来目録』）

現代語訳：密教の教えは奥深いものであるから、文章で伝えるには限りがある。だから、仏画や仏像、曼荼羅などを用いて視覚的に表現し、いまだ真理をつかんでいない人たちに示すのだ。

―目次―

第二部　知っておきたい十三仏……177

●カバー絵…表1「降三世明王」、表2「不動明王」、表4「千手観音」、
いずれも染川英輔画「観藏院曼荼羅」（観藏院曼荼羅美術館所蔵）より。
●装幀…山本太郎

第一部

密教の仏たちの世界

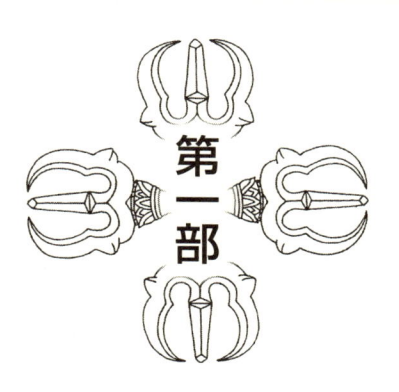

1 密教の仏とは何か

◎密教の仏のエネルギー

如来《にょらい》・菩薩《ぼさつ》・明王《みょうおう》・天部《てんぶ》の神々、実に多数の尊格《そんかく》が日本仏教に存在するが、「密教の仏」という言葉から思い浮かべるのはどのような仏さまだろうか。護摩《ごま》の炎の奥にゆらめく不動《ふどう》明王の姿か、薄暗い堂内でいかめしい顔つきをして武器を振り上げる明王か、あるいは曼荼羅《まんだら》の中に整然と配列された諸尊《しょそん》か、また、秘儀《ひぎ》の作法により供養《くよう》される天部の神々か。

「密教の仏」というイメージからは離れているように見える尊格、たとえば路傍《ろぼう》にまつられる地蔵《じぞう》菩薩とか、静かな面《おも》もちで堂内に鎮《しず》まる阿弥陀《あみだ》如来や釈迦《しゃか》如来の姿などと比較すると、「密教の仏」には何とも言えないエネルギーが感じられる。それは、街中を練り歩く神輿《みこし》や、怪異な仮面を着けて家々に上がり込む神の使いなど、日本の祭りに見られる激しさにどこか通じているような力だ。おそらくそのエネルギーこそが「密教の仏」としての重要な要素ではないかと思う。

何やら神秘的で、呪術的な作法によってその力を頂《いただ》くことができる存在、それが「密教の仏」に対する一般的なイメージであろう。

◎尊格《そんかく》との神秘的合一

また、「密教の仏」という概念は、礼拝《らいはい》供養する私たちと対象となる尊格との関係性にもかかっている。つまり、どの尊格も眼に見えない力が込められた聖なる存在であり、こちら側《がわ》、つまり礼拝供養する側の働きかけにより、その功徳《くどく》の力にあずかることができる対象であるといえる。こういう規定をすると、それは密教だけに特徴的なものではなく、すべての仏さまに共通することではないかと反論されそうだが、密教では尊格と自身の合一をはかるのが大きな相違だ。

密教を、それまでの仏教を意味する顕教《けんぎょう》と対比したのは弘法大師空海《こうぼうだいしくうかい》だが、空海は、「顕薬塵《けんやくちり》を払い密教庫《くら》を開く」（『秘蔵宝鑰《ひぞうほうやく》』）と説いた。顕教は心や身のまわりのさまざまなことに積もった塵（煩悩《ぼんのう》）を払うような教えであり、密教は、さらにその奥の、すばらしい宝の蔵《くら》を開く教えなのだということになる。宝の蔵は尊格に秘められた力であるとともに、私たち自身の中にある仏性《ぶっしょう》を指す。

また、『大日《だいにち》経』などに「三力偈《さんりきげ》」といわれる「以我功徳力《いがくどくりき》　如来加持力《にょらいかじりき》　及以法界力《ぎゅういほうかいりき》　普供《ふく》養而住《ようにじゅう》」という言葉がある。私たちが仏さまを礼拝する功徳の力と、それに対して仏さまの側からそそいでくださる加持という力添えの力、および私たちを取り巻く環境や人々の縁《えん》、それらがすべて満たされたならば願いもかなうというほどの意味といってよいだろう。

密教とされる真言《しんごん》・天台《てんだい》の両宗では、さまざまな仏さまがまつられている。その中には、阿弥陀如来や釈迦如来、観音《かんのん》菩薩や地蔵菩薩など他の宗派でも見られることが多い尊格もあれば、不動明王や愛染《あいぜん》明王など主として密教寺院にまつられる尊格もある。

阿弥陀如来は浄土《じょうど》思想に見られるように、帰依《きえ》して極楽往生《ごくらくおうじょう》を願う対象であり、観音や地蔵も大慈悲《だいじひ》の誓願《せいがん》にすがって救済を求める尊格である。もちろん、このような信仰も密教にとって重要な要素であることは疑いないが、密教独自の礼拝作法として仏さまとの一体観（入我我入《にゅうががにゅう》観《かん》といわれる）を感得《かんとく》する修法《しゅほう》がある。その中では、それぞれの尊格の印《いん》を結び、真言を唱え、尊格の誓願・功徳などをイメージする「三密加持《さんみつかじ》」という方法を用い即身成仏《そくしんじょうぶつ》をめざすとともに、現世利益《げんぜりやく》を祈願する場合も多い。対象となる尊格は、不動明王など見るからに「密教の仏」である尊格にかぎらず、阿弥陀如来や観音はじめ、ほとんどすべてである。もちろん「三密加持」は密教の作法であるから、密教の立場から見れば、対象となるどの尊格も「密教の仏」といえる。したがって、ここまでが「密教の仏」だという範囲を決めることはできないが、ことに造形的に密教の特徴を持ち、また密教的な信仰対象とされることの多い尊格をとりあげてゆくこととしたい。

◎密教の仏の図像的特徴

「密教の仏」を造形的に見た場合、特徴として思い浮かぶのは、(1)多面多臂像《ためんたひぞう》、(2)忿怒形《ふんぬぎょう》、(3)曼荼羅《まんだら》の三点であろう。

多面多臂像《ためんたひぞう》

これは、人間的な一面二臂《いちめんにひ》(顔が一つで手が二本)の姿ではなく、左右や上方に別の顔を付けたり、手も六臂《ろっぴ》から八臂《はっぴ》、あるいはそれ以上に具《そな》える姿のことを指す。像としては、観音ならば千手《せんじゅ》観音、

千手観音（奈良・壷阪寺蔵）。
千手観音は、多面多臂像の代表的存在である。

十一面《じゅういちめん》観音ほか、六観音のうち聖《しょう》観音を除いた五尊すべてに見られる。また、五大《ごだい》明王のうち不動明王以外の降三世《ごうざんぜ》・軍荼利《ぐんだり》・大威徳《だいいとく》・金剛夜《こんごうや》叉《しゃ》の各明王も同様である。

多面多臂という表現は、もともとインドのヒンドゥー教の神々に見られるもので、仏教もその影響を受けている。インドの密教では多面多臂像が普通であり、ことに忿怒尊では後述の忿怒形とともに大きな特徴である。チベット仏教に見られる異《い》形《ぎょう》の尊格を思い出していただきたい。手や顔が多いのみならず、足もたくさん具えた尊格も見られる。日本の尊格で多足《たそく》として知られるのは大威徳明王（六足尊《ろくそくそん》）がある。

手に持つ多くの法具や武器などは、その尊格の救済や調伏《ちょうぶく》などの活発なはたらきを象徴するものである。多足も活動性を示す。多くの顔はさまざまな表情を示し、衆生《しゅじょう》に対して多様にみちびくことを象徴している。チベット仏教に見られる多様な仏像ほどではないが、日本の多面多臂像も、従来の人間的な一面二臂の菩薩像に比べると、活動性にあふれている印象を受ける。

忿怒形《ふんぬぎょう》

ことに明王諸尊に共通して見られる。「怒髪天《どはってん》を突く」の言葉通り、髪を逆立《さかだ》て、眼を見開き、口をしかめ、歯牙《しが》をむき出して強烈な怒りを表現している。

衆生に対し、如来や菩薩などのみちびきが、どちらかと言えば穏《おだ》やかな方法であるのに比べて、明王の救済は荒っぽい。煩悩が盛んなゆえか、また身勝手のためか、なかなか救い難《がた》い衆生に対して、明王は激しい怒りを体現して導く。荒々しい姿の中に聖なるものが現れているのだ。

神道《しんとう》の神々にも荒魂《あらみたま》（荒ぶる神）という側面がある。活動的で勇猛、ときには災いを引き起こすほど荒々しい作用をするという。これに対する和魂《にぎみたま》は、穏和《おんわ》な徳を示すあり方といわれる。

忿怒尊のイメージは、この荒魂と似た面もあるが、荒魂が疫病《えきびょう》や祟《たた》りなどを引き起こし、人々に害を与える一面もあるのに対し、仏教尊格としての忿怒形は、あくまで大慈悲の表現のひとつであり、災いを起こすようなことはない。衆生救済のための姿であることが荒魂との相違である。

降三世明王（福井・明通寺蔵）。
忿怒形かつ多面多臂の像である。

ドイツの神学者オットー（一八六九〜一九三七）は、人が何ものかを「聖なる者」とみなす大きな要因は、そのものに対する怖れであることを指摘している。と同時に、「聖なる者」は「圧倒的な威力《いりょく》をそなえた者」であり「エネルギッシュな者」であることを示した。エネルギッシュであることは、ことに「怒り」の中に感じられるという。そして人は、このような存在に対して〈恐怖とともに魅惑を感じるという相反《あいはん》した感情〉を持つのだとオットーは言う。

以上はキリスト教に関する指摘だが、不動明王を始めとする忿怒尊にも十分に通じるものである。

曼荼羅《まんだら》

大日《だいにち》如来を中心に、多数の尊格が整然と配置された曼荼羅は、『大日経』にもとづく「胎蔵界《たいぞうかい》曼荼羅」と、『金剛頂《こんごうちょう》経』による「金剛界《こんごうかい》曼荼羅」の二種があり、密教寺院で通常、一対《いっつい》としてまつられることが多い。

「胎蔵界曼荼羅」は、正式には「大悲胎蔵生《だいひたいぞうしょう》曼荼羅」といい、大日如来の大慈悲の中で衆生の仏心《ぶっしん》が育まれていくことを示す。「宇宙の理法《りほう》」を表すともいわれる。中央の大日如来の智恵《ちえ》や慈悲の徳が、四方に位置する宝幢《ほうどう》・開敷華王《かいふけおう》・無量寿《むりょうじゅ》・天鼓雷音《てんくらいおん》の四如来として展開し、さらに、さまざまな菩薩や明王の姿として広がっていくことを表している。十二の区画に分けられたこの曼荼羅には、数多くの尊格が配置され、密教以前の顕教の尊格がほとんど含まれている。ヒンドゥー教の神々の姿も見られる。大日如来を中心として、『大日経』の理念のもとに諸尊をまとめた総合尊格図である。

一方、「金剛界曼荼羅」は『金剛頂経』に基づくもので、「胎蔵界曼荼羅」の「理」に対して、大日如来の「智恵」を表現したものとされる。「金剛」とはダイヤモンドのことで、智恵が堅固なことのたとえである。

金剛界曼荼羅（成身会）

「金剛界曼荼羅」は九つの区画に分けられ、「胎蔵界曼荼羅」との大きな相違は、同じ尊格が九つの場面に何度も姿形を変えて登場することである。『金剛頂経』の成立は『大日経』の後だが、『大日経』がそれまでの顕教の尊格名、たとえば観音とか文殊《もんじゅ》とかいう名称をそのまま継承しているのに対して、『金剛頂経』では、金剛法《こんごうほう》

（観音）、金剛利《こんごうり》（文殊）となるなど、尊名が新たにされている。

「金剛界曼荼羅」に図示される尊格構成は、衆生が悟りへ向かっていく過程、あるいは大日如来が衆生を救済することを示したものだとされ、『金剛頂経』の理念を示したダイナミックなものである。

空海は「密蔵深玄《みつぞうしんげん》にして翰墨《かんぼく》に載せがたし。更《さら》に図画を仮《か》りて悟らざるに開示《かいじ》す」（『御請来《ごしょうらい》目録《もくろく》』）と説いた。密教の教えは奥深いものであるから、文章で伝えるには限りがある。だから、仏画や仏像、曼荼羅などを用いて視覚的に表現し、いまだ真理をつかんでいない人たちに示すのだ――というほどの意味である。

確かに、「胎蔵界曼荼羅」や「金剛界曼荼羅」の尊格配置やその場所に存在する意味などを文章で説かれても理解しがたいものだが、図示されることにより、図絵が示す教えに感覚として触れることができる。

また、「胎蔵界」「金剛界」の曼荼羅以外にも「別尊《べっそん》曼荼羅」がある。大日如来以外の特定の尊格を中心にして、関係ある諸尊を配置して描かれる。それぞれの尊格の功徳やはたらきを示すものである。

このように、複数の尊格の集合図である曼荼羅は密教独特のもので、背後に密教教理が秘められていることは密教絵画の重要な特徴である。

◎真言《しんごん》・印《いん》・儀礼《ぎれい》

先に「三密加持」でも触れたが、「密教の仏」として尊格を礼拝する場合に欠かせないのは真言と印である。それぞれの尊格には独自の真言と印があり、それはその尊格の礼拝供養作法を説いた密教経典に説かれている。

「真言は不思議なり。観誦《かんじゅ》すれば無明《むみょう》を除く」(『般若心経秘鍵《はんにゃしんぎょうひけん》』)

と空海は説いた。仏さまの悟りの真実や衆生救済の誓願を象徴した真実の言葉、真言は、私たちの計《はか》り知ることができぬほどすばらしいもので、念誦《ねんじゅ》することにより、無明煩悩を滅し功徳にあずかることができるとい

護摩を行う密教僧

う意味だ。

また印にもそれぞれ意味があり、その尊格の特徴やはたらきを端的《たんてき》に表現している。

さらに、「密教の仏」がそれ以外の尊格と相違する点の最後は、護摩など独自の密教的な供養儀礼を持つことであろう。

現世利益を説く密教は、祈願の目的として「四種法《ししゅほう》」を挙げる。四種法とは、次のようなものだ。

・息災《そくさい》
・増益《ぞうやく》
・敬愛《けいあい》
・調伏《ちょうぶく》

全国各地の密教寺院では、家内安全、身体健康を始め種々の祈願法会《ほうえ》が行われ、信者の願いに応えている。

次項より個別の尊格について解説する中で、可能な限り密教の儀礼も紹介していきたい。

2 明王たちのリーダー・不動明王

◎明王《みょうおう》とは

古代インドのバラモン教では神々に呼びかけたり祈願したりするときの神秘的な言葉をマントラといった。マントラは仏教にも取り入れられ、密教の時代を迎えて盛んとなり、真言と漢訳された。真言は文字通り「真実の言葉」を意味し、如来《にょらい》や菩薩《ぼさつ》、明王、天部《てんぶ》など多くの尊格《そんかく》のはたらきや、それぞれが指し示す真理を象徴したものといえる。

「（真言は）一字に千理《せんり》を含み　即身《そくしん》に法如《ほうにょ》を証《しょう》す」（『般若心経秘鍵《はんにゃしんぎょうひけん》』）と弘法大師空海《こうぼうだいしくうかい》（七七四～八三五）が説いたように、短い言葉の中に仏さまの功徳《くどく》が結晶として輝き、数多くの仏法の真理が込められているのであり、それを唱えることにより、この身のままで悟りを得ることができる、真言はそんな不思議なものだとされる。

マントラ（真言）はヴィディヤーともいう。ヴィディヤーは「知識」を意味し、また「呪文」の意味も持つ。明呪《みょうじゅ》または単に明《みょう》と漢訳される。

「無明《むみょう》の闇」という言葉があるが、無明煩悩《ぼんのう》に覆《おお》われた衆生《しゅじょう》の心を闇とすれば、そのような迷い、苦しみを取り除く仏法の智恵は光明《こうみょう》にたとえられる。マントラにも闇を除く力があるとされ、明呪という漢訳はそれを背景にしている。

不動明王《ふどうみょうおう》に代表される明王諸尊《しょそん》は密教独自の尊格であるが、明王という名前は真言、明呪の威力を象徴している。明の王とは、すなわち不思議な力が秘められた明（真言）の威力を体現した尊格という意味になる。したがって、明王の信仰に真言の読誦《どくじゅ》は欠くことのできないものである。真言読誦の功徳の一例として、鎌倉時代の仏教説話集である『沙石集《しゃせきしゅう》』に、ある僧の臨終《りんじゅう》の際に現れた魔物を、弟子が不動明王の真言のひとつである「慈救呪《じくのしゅ》」（後述）を唱え続けることにより打ち払った話が残されている。

——では、明王たちのリーダーというべき不動明王について、詳しく見ていくこととする。

▼不《ふ》動《どう》明《みょう》王《おう》

◎釈尊《しゃくそん》から不動明王へ

明王という尊格グループの中で最も信仰を集めているのは不動明王であろう。護摩修法《ごましゅほう》の本尊《ほんぞん》として堂内に祀《まつ》られることも多い。修験道《しゅげんどう》で行われる柴灯《さいとう》護摩では、不動明王を表した御幣《ごへい》を前に、高く護摩の炎が燃えさかり、修験者や信者たちが唱え続ける不動明王の真言や太鼓の音が響くなかで、独特の神秘的な空間が作り上げられる。

「不動」という尊名はサンスクリット語のアチャラの訳語で、文字通り「動かないもの」「びくともしないもの」を意味している。「動かないもの」とは堅固《けんご》な菩提心《ぼだいしん》を指す。不動明王を説いた『底哩三昧耶《ちりさんまや》不動尊《ふどうそん》聖者《しょうじゃ》念誦《ねんじゅ》秘密法《ひみつほう》』（以下、『底哩三昧耶経《きょう》』）には「不動とはこれ菩提心の大寂静《だいじゃくじょう》の義《ぎ》なり」とあり、「菩提心がしっかりと定まって揺らぐことがない」ゆえに不動と呼ばれることがわかる。

不動明王

釈尊が悟りを迎えようとしたとき、さまざまな魔物が悟りの邪魔をしようとしたが、釈尊は全く動揺することなく、魔王を退けて悟りを得たという「降魔成道《ごうまじょうどう》」の説話《せつわ》はよく知られている。不動明王の尊格イメージは釈尊のこの体験が原型となっている。釈尊の決意、また煩悩を抑《おさ》える菩提心の力が、後世になって不動明王という尊格として具現化したということができるかもしれない。

◎不動明王信仰の歴史

日本に初めて不動明王信仰をもたらしたのは空海であった。入唐求法《にっとうぐほう》を果たして帰国の途についたとき、航海の安全を祈って霊木《れいぼく》に不動明王像を刻み、船端《ふなばた》で祈願した結果、荒波が不動明王の剣で切り払われて無事に帰国できたという「波切《なみきり》不動」の伝説はよく知られている。この不動明王像はのちに、平安時代中期の平将門《たいらのまさかど》の乱や鎌倉時代の元寇《げんこう》のときに名古屋や九州へ移されて祈願の本尊とされたという。このほか、天台宗《てんだいしゅう》の円仁《えんにん》（七九四～八六四）、円珍《えんちん》（八一四～八九一）、相応《そうおう》（八三一～九一八）などの不動明王伝説も有名であり、信仰に大きな影響を与えている。

◎不動明王の姿の特徴

不動明王についての図像や教義は『大日経《だいにちきょう》』に詳しく説かれる。『大日経』「具縁品《ぐえんぼん》」では不動明王について、

「真言主《しゅ》（大日如来）の下、涅哩底《にりち》の方《ほう》（西南の方向）に依《よ》って不動如来使《し》あり。慧刀《えとう》と羂索《けんさく》とを持し、頂髪《ちょうはつ》を左肩に垂らす。一目にして諦観《たいかん》す。威怒《いぬ》の身に猛焔《もうえん》ありて盤石《ばんじゃく》に安住す。面門に水波《すいは》の相《そう》あり。充満せる童子《どうじ》の形なり」

と説かれる。ここで示されている剣・索《さく》・垂髪・不均等なまなざし・火炎・盤石座・額の皺《しわ》・肥満した童子形《ぎょう》などの図像的特徴は、現代に至るまで忠実に継承され、かつまた、それぞれに教学的な意味づけがされ不動明王信仰の大きな特徴となっている。

平安時代の真言宗の僧、淳祐《しゅんにゅう》（八九〇〜九五三）は不動明王の特徴を十九種にまとめ、『不動尊道《どう》場観《じょうかん》』として著《あらわ》した。すべてを紹介する余裕はないが、淳祐の解釈を参考にしながら、図像の特徴とその意味を見ておきたい。

剣

剣は不動明王の智恵の象徴である。慧刀または智恵の利剣《りけん》（利は鋭いという意味）という言い方をする。淳祐は「衆生の煩悩を殺害する」とした。剣は、不動明王の智恵の力によって、私たちの煩悩、迷い、さらには様々な災難、病気などが断滅されることを象徴している。剣と索はインドから中国、日本に至るまで、一千年に余る伝来の中で変わることがなかった不動明王の特徴といえる。日本では、修験道において神仏習合のなかで生まれた経典に、不動明王の剣に日本の神々も宿り、仏教諸尊とともに苦難を断ち切る功徳が説かれている。

索《さく》

索はつなぎ止め縛り上げる縄のことで、つぶさには羂索《けんさく》という（羂索は「けんじゃく」とも読む）。経典には「世間で法律に従わない者を捕縛するように、衆生を苦しめる悪神・魔物を捕らえる」という意味の記述がある。淳祐も、「従わない者を縛って仏法の世界へ導く」としている。縛り上げられる者とは、災いや病気のみならず、私たちの弱い心であり、大慈悲《だいじひ》の索にすがって私たちは不動明王に受け止められ、功徳をいただくともいえるだろう。

左に一の弁髪《べんぱつ》を垂れる

弁髪とは少女のおさげ髪のように、一本に編《あ》んだ髪をいう。不動明王は左肩に長く弁髪を垂らしている。『底哩三昧耶経』には「苦しみの世界（悪趣《あくしゅ》）で苦悩する衆生に慈悲を垂れる」の意味とある。淳祐も「ひとり子に対するのと同じ慈悲を表す」とした。諸仏の大慈悲をひとり子に対する愛情にたとえるのは不動明王以外の経典にも見られる。一人ひとりを見捨てることなく、一人だけに力を尽くすようにそそがれる大慈悲、怖ろしい姿の中でも慈悲を表現した特徴といえる。

不均等なまなざし

不動明王の眼は左右が均等ではない。『大日経』に説かれるように「一つの眼をつむる」姿はあまり見かけないが、右眼は見開き、左眼はすがめ、上下を同時に見る「天地眼《てんちがん》」の形式が多い。これは、世界の上から下まですべて見守っているという解釈がされている。一眼を閉じることにつき『底哩三昧耶経』には、「一目を閉じるに深意《じんい》あり。極悪醜弊《ごくあくしゅうへい》の身を示現するなり。（中略）これ怖魔《ふま》の義なり」とある。魔物を怖れさせるというのだ。一方で、不動明王は奴僕三昧《ぬぼくざんまい》にあるといわれる。奴僕とは修行者に尽くすことをいう。奴僕としての醜い姿を表現するためにこのまなざしがあるといえる。

『不動尊道場観』では、不動明王が大日如来の命を受けて修行者のためにはたらき、また、衆生を導いて仏法の功徳を得させると説く。『底哩三昧耶経』にも、不動明王は奴僕のように一目なき姿を現して修行者の飲食供養《おんじきくよう》を受け、昼夜に修行者を擁護するとある。ただし、修行者自身も不動明王と同じく、自分のことをさておき、仏さまのため、人のために尽くすことが要請される。

火炎

不動明王は火炎を光背《こうはい》としている。この火は智恵の火であり、あらゆる煩悩を焼き尽くすという。不動明王自身が火生三昧《かしょうざんまい》という境地に入って自身の身体から火炎の光を出しているのだとされる。

この火炎は迦楼羅炎《かるらえん》とよばれる。迦楼羅とは神鳥の名前で、サンスクリット語のガルダの音写、漢訳で金翅鳥《こんじちょう》という。ガルダはインド神話によればヴィシュヌ神の乗り物であり、龍を食べるとされる。これを、煩悩を滅ぼすことの象徴と見て、また、迦楼羅の赤い翼にみたてて不動明王の火炎をこう呼ぶのである。火炎光背には、実際に迦楼羅の顔を付けたものもしばしば見られる。

盤石座《ばんじゃくざ》に坐す

不動明王の台座には、岩座《いわざ》のほか、井桁状《いげたじょう》に組み合わせた材木のような形が見られる。盤石座（大《だい》盤石ともいう）とは、もちろん「不動」という名前と通じるものである。ただ『底哩三昧耶経』には、「びくともしない」という意味のほかに、「あらゆる宝物を生み出すもの」ともある。宝物とは不動明王がもたらす功徳であり、盤石座はその功徳を文字通り「盤石に」保証するものと言えるだろう。

また、井桁状の台座は瑟瑟座《しつしつざ》という。不動明王だけに見られるものである。瑟瑟とは、中国の西域《さいいき》、チベットなどで産出される宝石の一種とされ、宝物を台座とすることにより、同じく功徳の素晴らしさを表現したものである。

額の皺《しわ》

不動明王は眉をひそめ、額に皺を作っており、これをさざ波にたとえて水波《すいは》の皺という。淳祐は「六道《ろくどう》それぞれの世界で苦しむ衆生に思いが深いことを意味する」とする。衆生を案じるがゆえの表情である。また、怒りの表現であるとする説もある。四天王《してんのう》などの守護神が眉間に皺をよせて魔物を威嚇《いかく》しているのと同じである。衆生を苦しめる煩悩、魔障《ましょう》などに対する怒りを表しているのである。

肥満した童子形

不動明王はほとんど太った姿で表される。ことに腹部はゆったりとした太鼓腹だが、インドの密教では忿怒尊《ふんぬそん》に太鼓腹が多い。太鼓腹は通常、短躯《たんく》（背が小さいこと）という特徴とセットになり、

不動明王（中央）と矜羯羅童子（右）、制吒迦童子（左）の像
（京都・浄瑠璃寺蔵）

虎皮裙《こひくん》（虎皮の腰巻き）を着けていることも多い。日本の密教でも虎皮裙は降三世《ごうざんぜ》明王や軍荼利《ぐんだり》明王などの明王像に見られる。

　短躯で小太りという体型は幼児に特徴的なもので、ここから不動明王の中に童《どう》子《じ》性を見ることになったのではないか。あるいは、ヒンドゥー教の神々の中に童子の特質を持ったクマーラ神とかクリシュナ神があり、非常に人気があるこのような神々のイメージが、童子性の中に聖なるものを見る意識として、不動明王信仰の背景のひとつになっているのかもしれない。

　なお、不動明王は単独尊として以外に、眷属《けんぞく》（従者）を従えた姿として信仰される場合も多い。眷属はすべて童子と呼ばれる。矜羯羅《こんがら》、制吒迦《せいたか》の二童子、あるいは恵光《えこう》、恵喜《えき》、阿耨達《あのくた》、指徳《しとく》、烏倶婆誐《うぐばが》、清浄比丘《しょうじょうびく》、矜羯羅、制吒迦の八大童子、また、矜羯羅から烏婆計《うばけい》までの三十六童子などがある。各童子は修行者に付き従い助ける不動明王の奴僕三昧《ぬぼくざんまい》を、分身的に発展させたものともいえる。たとえば、修行者が三十六童子の名前を唱えれば、災難を払い擁護すると説かれる。

◎不動明王の真言

不動明王の真言としてよく知られているのは、「慈救呪《じくのしゅ》」と呼ばれる、次のような真言である。

「ノウマク　サマンダバザラダン　センダマカロシャダ　ソワタヤ　ウンタラタ　カンマン」

『底哩三昧耶経』では、この慈救呪、ことに「マカロシャダ」という語句について「火生《かしょう》」という意味があるという。すなわち、智恵の火を示すこの慈救呪を唱えることにより、煩悩や魔障が焼き滅ぼされるという。末尾のカンマンという梵字《ぼんじ》は不動明王の象徴として表されることが多い。

3

五大明王

◎五大明王《ごだいみょうおう》とは

明王諸尊《しょそん》の中で、不動《ふどう》明王を中心とした尊格《そんかく》グループが五大明王であり、不動・降三世《ごうざんぜ》・軍荼利《ぐんだり》・大威徳《だいいとく》・金剛夜叉《こんごうやしゃ》の各明王から構成される。

五という数は金剛界曼荼羅《こんごうかいまんだら》に由来している。金剛界曼荼羅は大日如来《だいにちにょらい》を主尊とし、さらに大日の智恵を分割的に受け持った尊として阿閦《あしゅく》・宝生《ほうしょう》・阿弥陀《あみだ》・不空成就《ふくうじょうじゅ》の四如来が大日を取り囲む。五大明王は、この五如来と関連した尊格である。

空海《くうかい》が、師である恵果和尚《けいかかしょう》の説を記したとも伝えられる『秘蔵記《ひぞうき》』に、「五忿怒《ごふんぬ》」の項目があり、不動・降三世・軍荼利・大威徳・金剛夜叉の各明王は、順に、大日・阿閦・宝生・阿弥陀・不空成就の五如来の忿怒身だと説かれる。

また、五如来と五大明王との関係を説くのにあわせて、それぞれに対応する五菩薩《ごぼさつ》（般若《はんにゃ》菩薩・金剛薩埵《こんごうさった》・金剛蔵王《ぞうおう》菩薩・文殊《もんじゅ》菩薩・金剛牙《げ》菩薩）も示され、五如来＝五菩薩＝五大明王の系列が明らかにされている。

やがてこの関係は三輪身説《さんりんじんせつ》とよばれるようになる。すなわち、

・五如来は、自性輪身《じしょうりんじん》
・五菩薩は、正法輪身《しょうぼうりんじん》
・五大明王は、教令輪身《きょうりょうりんじん》

と名づけられた。輪身とは仏の威力を強調した言葉で、輪には、煩悩《ぼんのう》を除くとか魔物を払うという意味が込められている。

【三輪身《さんりんじん》　対応図】

《自性輪身《じしょうりんじん》》	《正法輪身《しょうぼうりんじん》》	《教令輪身《きょうりょうりんじん》》
・大日如来《だいにちにょらい》	般若菩薩《はんにゃぼさつ》	不動明王《ふどうみょうおう》
・阿閦如来《あしゅくにょらい》	金剛薩埵《こんごうさった》	降三世明王《ごうざんぜみょうおう》
・宝生如来《ほうしょうにょらい》	金剛蔵王菩薩《こんごうぞうおうぼさつ》	軍荼利明王《ぐんだりみょうおう》
・阿弥陀如来《あみだにょらい》	文殊菩薩《もんじゅぼさつ》	大威徳明王《だいいとくみょうおう》
・不空成就如来《ふくうじょうじゅにょらい》	金剛牙菩薩《こんごうげぼさつ》	金剛夜叉明王《こんごうやしゃみょうおう》

自性輪身は、仏法の真理や智恵そのものとしてのあり方（自性）を特徴としている。

正法輪身は、衆生《しゅじょう》に仏法の教え（正法）を説き、慈悲を示して衆生を導く菩薩のあり方を示す。

教令輪身は、衆生に対して如来が正しい道を示し、それに従うよう命令（教令）するのだが、それに従わず、正法輪身のように穏やかに教え示しても救いがたい衆生に対し、教令に従わせ、力づくでも正しい道に導く荒々しい姿をあらわしている。

『秘蔵記』に説かれる三輪身の対応関係は、右の図のようになる。

京都東寺《とうじ》の講堂《こうどう》には、五如来、五菩薩、五大明王の尊格が三輪身の関係を表して配置され立体《りったい》曼荼羅とよばれている。この構成は空海自身の構想によるものといわれる。ただ、正法輪身にあたる五菩薩の名称は『秘蔵記』に説かれるものとは異なる。

菩薩と如来の関係もさることながら、三輪身説では、どちらかといえば五如来と五大明王のつながりが強調されているといえるだろう。

なお、天台《てんだい》密教では原則的に金剛夜叉明王に代えて烏枢沙摩《うすさま》明王を五大明王の一尊とする。

◎鎮護国家《ちんごこっか》のグループ尊

空海が帰朝《きちょう》した頃に起こった薬子《くすこ》の変《へん》（八一〇）は、平城京《へいじょうきょう》から平安京《へいあんきょう》への遷都《せんと》にからんで、平安時代の初頭における大きな政変であった。社会の動揺もあったためか、変の直後には空海の提案により、鎮護国家を祈って不動明王を中心とする五大明王に祈願する法会《ほうえ》が高雄山寺《たかおさんじ》（神護寺《じんごじ》）で行われた。

空海の時代から現代まで連綿《れんめん》と続けられている真言宗の後七日御修法《ごしちにちみしゅほう》は、国家の安泰を祈願する大がかりな修法《しゅほう》であるが、その中で、五大明王に対する祈願もあり、鎮護国家の仏として重要視されていることがわかる。

やがて五大明王は国家的な祈祷《きとう》のみならず、貴族が個人的な願望の成就《じょうじゅ》を祈るためにも祀《まつ》るようになった。藤原道長《ふじわらのみちなが》は健康長寿祈願のために、氏寺《うじでら》であった法性寺《ほっしょうじ》の中に五大明王をまつる五大堂《ごだいどう》を建立《こんりゅう》したという。

五大堂は平安時代から京都の大覚寺《だいかくじ》や醍醐寺《だいごじ》ほか、あちこちの寺で造立《ぞうりゅう》され、五大明王は当初の貴族の信仰のみならず広く一般に信仰されるようになった。ただ、不動明王を除く四尊の個別な信仰はあまり見られない。

また、自性輪身の如来の方位《ほうい》との関連で、方位とのつながりも強く、

・東方＝降三世明王
・南方＝軍荼利明王
・西方＝大威徳明王
・北方＝金剛夜叉明王
・中央＝不動明王

と配当され、各方位の守護神としての性格も合わせ持っている。修験道《しゅげんどう》の柴灯護摩《さいとうごま》では、各明王の名前を唱えて道場を結界《けっかい》する作法も見られる。

―― 五大明王 ――

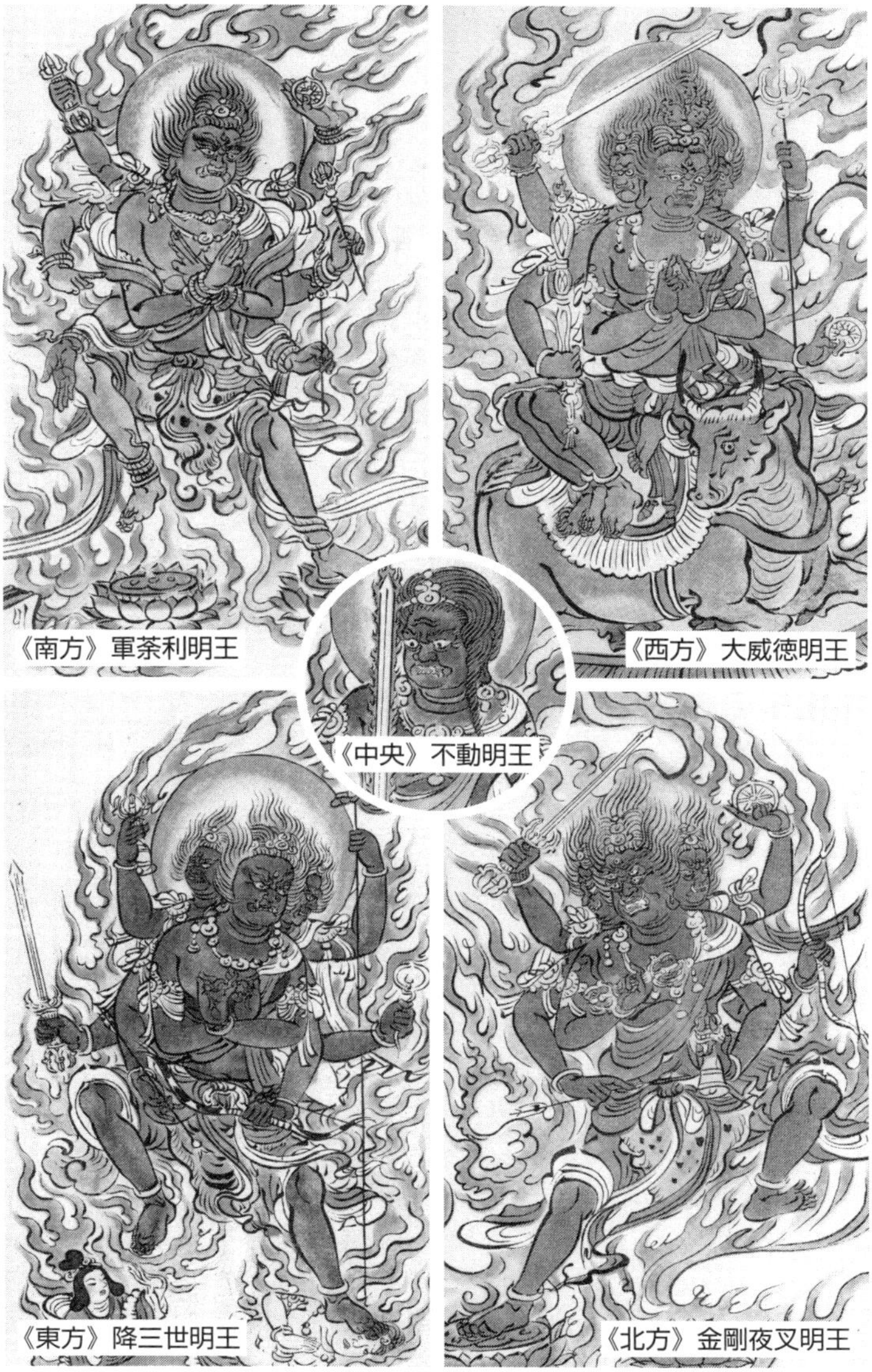

《南方》軍荼利明王
《西方》大威徳明王
《中央》不動明王
《東方》降三世明王
《北方》金剛夜叉明王

――では、五大明王の各尊について見ていくこととしよう。ただし、不動明王については前項で詳述したので、不動明王以外の四大明王について解説する。

▼降《ごう》三《ざん》世《ぜ》明《みょう》王《おう》

◎シヴァ神を降伏《ごうぶく》する者

降三世明王の図像的な特徴の一つは、両足の下にヒンドゥー教の有力神である大自在天《だいじざいてん》（シヴァ神）と、その妃《きさき》である烏摩天后《うまてんごう》（ウマー）を踏みつけていることである。二神とも仰向《あおむ》けになり胸を足で押さえられている。

仏教説話によれば、大自在天は自分こそが三世界の主であるとして仏教に従おうとしなかった。三世界とは、欲界《よっかい》・色界《しきかい》・無色界《むしきかい》の三界《さんがい》のことで、地獄《じごく》や餓鬼道《がきどう》から、私たち人間の住む世界、そして神々の世界まで、一切の世界を指す。

慢心のゆえに反抗する大自在天と妃に対し、大日如来は降三世明王を遣《つか》わして降伏《ごうぶく》（敵を制圧すること）したという。つまり、降三世という名前は「三世界の主であると慢心する大自在天を降伏した者」を意味している。なお、踏みつけられ命を絶たれた二神は再び生き返らされ、仏法に従い護法善神《ごほうぜんじん》（仏法を護《まも》る神）となった。

降三世のサンスクリット語名は「トライローキヤ（三世）・ビジャヤ（勝利者）」という。勝三《しょうざん》世《ぜ》明王という呼び方もされる。また、「三世」を大自在天ではなく、貪《とん》・瞋《じん》・痴《ち》という三毒《さんどく》煩悩だとする解釈もあり、この明王には、私たちの煩悩を取り除いてくれる功徳《くどく》があるとされる。

◎降三世明王の姿の特徴

経典には、一面二臂《ひ》（臂は腕のこと）、一面四臂、一面六臂、三面八臂、四面八臂などの姿が説かれるが、三面八臂像がよく知られる。弓矢、剣、索《さく》（縄のこと）、戟《げき》（矛《ほこ》のこと）、金剛鈴《こんごうれい》を持ち、二手は胸の前で降三世印《ごうざんぜいん》を結ぶ。

◎降三世明王の真言

「オン　ソンバニソンバ　ウン　バザラ　ウンハッタ」

▼軍《ぐん》荼《だ》利《り》明《みょう》王《おう》

◎蛇とクンダリニー

軍荼利はサンスクリット語の「クンダリー」の音写《おんしゃ》である。この語源には、「とぐろを巻いた蛇」とか「水瓶《すいびょう》」が考えられる。

蛇との関連が強い尊格で、像を見ると、手足や胸元にまるで装飾のように蛇が絡みついている。蛇の神格化はインド、中国、日本とあちこちで見られる。たとえば、龍王《りゅうおう》として仏教に取り入れられたナーガがそうであり、中国の伏羲《ふっき》・女媧《じょか》、日本の宇賀神《うがじん》などが思い浮かぶ。

ただ、軍荼利明王の蛇はインドのヨーガとの関連があるようだ。クンダリニーヨーガというヨーガ行法では、人間の身体の中に根源的な生命エネルギーであるクンダリニーというものがあるとする。クンダリニーは通常、尾《び》てい骨《こつ》のあたりにあるチャクラでとぐろを巻いた蛇の姿で眠っているが、ヨーガの実践によって眼を覚まし、頭頂部まで上昇して神秘体験をもたらすとされる。

チャクラとは、身体の中にいくつかあるエネルギーの中枢をいう。ヨーガ行法との関係は明確でないが、根源的なエネルギーを表現したということでは、荒々しい力を表現する明王という尊格の性格とよく合致したものではないだろうか。

また、「水瓶」は甘露《かんろ》（不死の霊水）を入れるものであり、ここから甘露軍荼利明王とも呼ばれる。吉里吉里《きりきり》明王ともいう別名もある。

降三世明王で見たように、明王諸尊はヒンドゥー教の神に対抗する尊という意味合いを持つ。軍荼利明王はヴィナーヤカという神を倒すという役割がある。ヴィナーヤカは物事の成功を妨《さまた》げる神として知られるところから、諸尊の修法のさいには、軍荼利明王の印《いん》を結び真言を唱えて祈願し、成就を祈る儀礼がある。

この明王には、怨敵調伏《おんてきちょうぶく》（調伏は降伏と同義で、敵を制圧すること）と物事の成就の功徳があるといわれる。

◎軍荼利明王姿の特徴

一面八臂、四面四臂像などが知られ、一面八臂像では、二手を胸前で交差させて軍荼利印《ぐんだりいん》を結び、他の手には、金剛杵《こんごうしょ》、三叉戟《さんさげき》、輪（輪宝《りんぽう》）などの武器を持つ。

◎軍荼利明王の真言

「オン　アミリテイ　ウンハッタ」

「オン　キリキリバザラ　ウンハッタ」

▼大《だい》威《い》徳《とく》明《みょう》王《おう》

◎閻魔《えんま》を倒す者

大いなる威力を備《そな》えた明王という意味で、サンスクリット語の原名は「ヤマーンタカ」という。ヒンドゥー教の神に対する対抗尊格の性格があり、「ヤマーンタカ」とは「ヤマを倒す者」を意味する。ヤマとは、日本で閻魔法王《えんまほうおう》として知られる死神である。ここから「降閻魔尊《ごうえんまそん》」という別名もある。

三輪身説にもあらわれているように、文殊菩薩《もんじゅぼさつ》との関連が深く、チベット仏教の説話には、文殊菩薩が水牛の顔をした悪鬼を退治するために、自ら水牛の顔をした大威徳明王の姿となり戦って倒したという伝説がある。このように水牛とのつながりが深く、水牛に乗った姿は独特である。

水牛が陸と水の中を自由に行き来できるということを、この明王が、悟りの世界とこの世（迷いの世界）をへだてなく往来《おうらい》できるという特質にたとえる説明も見られる。また、水牛が泥田《どろた》の中を進むように、いかなる障害にも負けずに仏道を歩むという解釈もある。

怨敵調伏祈願の尊格として、戦勝祈願の信仰を集めたり、水牛との関係から、農耕の仏とされた地方もある。

◎大威徳明王の姿の特徴

大威徳明王には、六足尊《ろくそくそん》という別名がある。足が六本あるという珍しい姿だからである。その六本の足で、水牛にまたがる。また、六面六臂（顔も腕も六つ）であり、六という数字が特徴だが、六趣《ろくしゅ》（地獄《じごく》・餓鬼《がき》・畜生《ちくしょう》・修羅《しゅら》・人《にん》・天《てん》）の世界を清め、また、六波羅蜜《ろくはらみつ》（布施《ふせ》・持戒《じかい》・忍辱《にんにく》・精進《しょうじん》・禅定《ぜんじょう》・智恵《ちえ》）の修行を満たすなど、数字に当てはめた解釈がある。

胸前で二手を組み合わせた印は檀陀印《だんだいん》とよばれる。他の手には、剣、棒、三叉戟、輪などの武器を執《と》る。

◎大威徳明王の真言

「オン　シュチリキャラロハ　ウンケン　ソワカ」

▼金剛夜叉明王《こんごうやしゃみょうおう》

◎夜叉のごときパワー

金剛夜叉は、サンスクリット語の原名は「ヴァジュラヤクシャ」という。ヴァジュラは金剛の意、夜叉はヤクシャの音写である。ヤクシャはインド神話で、人の精気を吸い取ったり、人を食う悪神として登場する。仏教には、護法善神である八部衆《はちぶしゅう》（天《てん》・龍《りゅう》・夜叉・乾闥婆《けんだつば》・阿修羅《あしゅら》・迦楼羅《かるら》・緊《きん》那羅《なら》・摩睺羅伽《まごらが》）の一尊として取り入れられた。また、十二夜叉大将（薬師十二神将）として薬師如《やくしにょ》来《らい》の眷属《けんぞく》（従者）となる。

毘沙門天《びしゃもんてん》の眷属ともされ、毘沙門天とともに北方の守護神とされるが、金剛夜叉明王も同様に北方の守護者であるのは、元の夜叉の要素を受け継いだものである。

◎金剛夜叉明王の姿の特徴

三面六臂で、弓矢や剣、輪などの武器と、金剛杵、鈴《れい》を持つ。剣と輪には悪鬼、災厄《さいやく》を降伏する働き、弓矢は人の心を引きつける敬愛《けいあい》の功徳があるとされる。

この尊の特徴は眼である。正面の顔は、左右の眼が上下に重なり、額にある眼と合わせて五眼をもつ。このような表情は他の尊格で見ることはない。「五」を金剛界《こんごうかい》、三面の「三」を胎蔵界《たいぞうかい》に配当して、両界曼荼羅《りょうかいまんだら》すべての尊格の力を備えた明王という解釈もされる。

◎金剛夜叉明王の真言

「オン　バザラヤキシャ　ウン」

4
さまざまな明王

前々項では明王《みょうおう》たちのリーダー・不動《ふどう》明王を、前項ではその不動明王を中心とする五大《ごだい》明王を、つぶさに見てみた。

これらのほか、明王とよばれる仏の中には、個別で特徴的な信仰が行われる尊格もある。

この項では、そのような尊格のうち、烏枢沙摩《うすさま》明王・大元帥《だいげんすい》明王・愛染《あいぜん》明王・孔雀《くじゃく》明王の四尊を紹介したい。

烏枢沙摩明王《うすさまみょうおう》

◎トイレの神様

数年前に「トイレの神様」（植村花菜〔作詞・作曲〕）という歌が流行した。トイレにはキレイな女神がいて、トイレをキレイにすれば女神のようにキレイになれるという印象的なフレーズがあった。女神ではないが、烏枢沙摩明王もトイレの神様（仏様）としてよく知られ、トイレにその御札を祀ることが多い。

烏枢沙摩は、烏枢瑟摩《うすしま》とか烏芻沙摩《うすさま》などとも表記され、いずれもサンスクリット語の「ウッチュシュマ」を音写《おんしゃ》した文字である。ウッチュシュマとは「ぱちぱちと燃えるもの」という意味で、インドの火の神であるアグニの別名でもある。アグニは火天《かてん》という守護神として仏教に取り入れられる一方、烏枢沙摩明王という姿としても仏教に登場したことになる。

烏枢沙摩明王は、穢積金剛《えしゃくこんごう》とか不浄金剛《ふじょう》、除穢忿怒尊《じょえふんぬそん》、穢跡金剛《えしゃく》、受触金剛《じゅそく》、火頭金剛《かず》、

不壊《ふえ》金剛などの漢訳名を持つ。穢《けが》れとか不浄といった語が特徴的だが、それは経典に説かれる次の説話が元となっている。

釈尊《しゃくそん》が涅槃《ねはん》を迎えたとき、弟子や神々は釈尊の下に集《つど》って悲しみに沈んでいた。ところが、梵天《ぼんてん》（ブラフマー神）がやって来ない。呼びに行ったところ、何と糞便を積み上げてバリケードとしており、近づくことができない。そこで、烏枢沙摩明王が現れて不浄物を清め、きれいな大地と変え、梵天を釈尊のもとへ率いてきたという。

また別の経典には、大日如来《だいにちにょらい》の教えに従わない大自在天《だいじざいてん》（シヴァ神）に対し、如来が不動明王を差し向けて召喚《しょうかん》しようとしたところ、大自在天は四方を汚物で囲んで使者を寄せ付けない。そこで、不動明王は烏枢沙摩明王を現し、烏枢沙摩明王が汚物を食い尽くして大自在天を如来のもとに連れてきたという。

火があらゆる汚物を焼き尽くし清浄にするという力、それが烏枢沙摩明王の働きとして象徴化されているのがわかる。ここから、かつては不潔で、魔物が侵入すると考えられていた便所の守護尊としてこの明王が信仰されてきたのである。

なお、不浄を衆生《しゅじょう》の煩悩《ぼんのう》ととらえ、それを焼き尽くして心を浄化し、衆生を救う功徳があるともされる。天台宗では五大明王の一尊として、金剛夜叉《こんごうやしゃ》明王に代えて祀《まつ》る場合もある。

◎烏枢沙摩明王の姿の特徴

一面で二臂《ひ》、四臂、六臂ほかさまざまな姿があるが、右足を挙げた六臂像がよく見られる。

烏枢沙摩明王

◎烏枢沙摩明王の真言

「オン　クロダノウ　ウンジャク　ソワカ」

▼大《だい》元《げん》帥《すい》明《みょう》王《おう》

◎鬼神《きじん》から守護神へ

大元帥とは軍隊の総帥《そうすい》のような名称だが、逆に、元帥という軍の役職名はこの明王に基づくという説もある。帥を抜き「たいげんみょうおう」とも言い慣わす。

もとは古代インドの荒野、森林に住む鬼神で、仏教に取り込まれて守護神となった。サンスクリット名をアータヴァカと言い、音写され、大元帥阿吒薄倶《あたばく》とか阿吒婆拘《あたばく》鬼神大将などとも呼ばれる。曠野《こうや》鬼神大将ともいう。

日本へは、平安時代の初期に常暁《じょうぎょう》（?〜八六五）が中国から初めて伝えた。常暁は、唐《とう》へ旅立つ前に奈良の秋篠寺《あきしのでら》で修行をしていたが、仏さまにお供《そな》えする水を汲《く》む閼伽井《あかい》の水面に怖ろしい忿怒尊の姿が映った。驚いて描き写し唐に持参したが、唐で大元帥明王の修法《しゅほう》を学んだおりに、その忿怒尊が大元帥明王であると知ったという伝説がある。なお、後に常暁が大元帥明王の道場とした京都小栗栖《おぐるす》の法琳寺《ほうりんじ》の井戸とする伝承もある。

大元帥明王

大元帥明王を語るうえで欠かせないのは、「大元帥御修法《みしゅほう》」のことであろう。大元帥明王の修法（大元帥御修法）は国家の敵を降伏《ごうぶく》させ、鎮護《ちんご》国家に効験があるとされる。唐では、この修法は国外に伝えることを国禁としていたという。日本に帰った常暁は、大元帥明王の修法を国家の行事として行うことを上奏《じょうそう》し、十年ほど後には、宮中で後七日御修法《ごしちにちみしゅほう》とともに、大元帥御修法が行われることが定められた。この修法は毎年正月に行われることが通例であったが、やがて、天皇即位のおりに修されるようになった。

また定例の祈願だけではなく、国家の危難の際にも行われた。天慶《てんぎょう》二年（九三九）に起きた平将門《たいらのまさかど》の乱や鎌倉時代の元寇《げんこう》のおりにも修されて効験《こうげん》があったとされる。

大元帥御修法を行う道場は大がかりで、修法の中心となる壇《だん》の上には、他の尊格の修法の際には見ることのない刀剣や弓矢、鉤《かぎ》、棒などの武器が数多く飾られるという。国家鎮護の趣旨がよく表れたものといえる。

御修法ほど大がかりなものではないが、太平洋戦争の際にも、全国の寺々で大元帥明王を祀って戦勝祈願法会《ほうえ》が行われたと聞く。

◎大元帥明王の姿の特徴

四面八臂、一面四臂、三面二臂、一面二臂などの像が儀軌《ぎき》に説かれるほか、十八面三十六臂、六面八臂像が伝えられるなど種類が多い。手に持つ法具としては、剣、金剛杵《こんごうしょ》、金剛鈴《れい》、羂索《けんじゃく》、輪《りん》など忿怒尊によく見られるものが多い。

青黒い身体で、蛇が身体中にからみつき、大きく口を開いた怒りの表情、足の下には邪鬼を踏みつけるなど、非常に怖ろしい姿をしている。

◎大元帥明王の真言

「ノウボウ　タリツ　タボリツ　ハラボリツ　シャキンメイ　シャキンメイ
タラサンダン　オエンビ　ソワカ」

▼愛《あい》染《ぜん》明《みょう》王《おう》

◎煩悩即菩提《ぼんのうそくぼだい》

愛染明王は『瑜祇経《ゆぎきょう》』に説かれる明王で、尊名の通り「愛情」と縁の深い尊格であることから、

愛染明王

恋愛成就や家庭円満を祈願して信仰されることが多い。

『瑜祇経』のサンスクリット語原典が伝わっていないため原名を特定できないが、「マハー・ラーガ」あるいは「ラーガ・ラージャ」と推定されている。ラーガは赤とか愛欲を意味し、ラージャは王、マハーは「偉大な」の意味である。

仏教では、西洋キリスト教社会のように「愛」を至高のものと見なさない。「渇愛《かつあい》」という言葉は、喉の渇きのように何かを切望している状態をいう。しかし、人間の欲にはきりがないため次から次へと追い求め、それが苦しみの原因になるという。そこから、「欲を離せ」と教えるのだが、愛染明王に象徴される教えはいささか異なる。「欲」を無くすのではなく、「欲」そのもののエネルギーを否定せず、それを悟りへの力や人間的な向上を目指すベクトルに転化させよという「煩悩即菩提」の教えを体現したのが愛染明王である。

◎愛染明王の姿の特徴

「愛染」という名前の通りの真っ赤な身体は、衆生に対する慈悲がとりわけ深いことを意味するとされる。頭上には髪が逆立ち、その中に五股杵《ごこしょ》（五鈷杵《こ》）を着けた獅子冠《ししかん》を置く。獅子は、衆生を悟りへ導く愛染明王の力を象徴したものである。

姿は一般的に一面六臂で、右の手には金剛杵・矢・蓮華を、左の手には金剛鈴・弓を持つ。弓矢と花を持つ姿は西洋の愛の神であるキューピッドを連想させる。特徴は左の一手で、何も持たない。

経典には「第三の手は左で彼を持つ」という奇妙な表現で説かれる。昔から、愛染明王に祈願する際には、この空いた手にさまざまな法具を持たせたという。たとえば、祈願の目的が災いの消滅や病気の平癒《へいゆ》（息災《そくさい》）を祈るなら日輪《にちりん》、福徳《ふくとく》や利益の増進（増益《ぞうやく》）の祈願なら如意宝珠《にょいほうしゅ》、他人との和合《わごう》、親睦（敬愛《けいあい》）のためなら蓮華、敵や魔物を打ち負かす（調伏《ちょうぶく》）には独股《とっこ》（独鈷《こ》）金剛杵、諸尊や善神、思う者を召《め》し招く（鉤召《こうちょう》）なら鉤、延命を祈るなら甲冑《かっちゅう》がその手に預けられた。

愛染明王が坐る真っ赤な蓮華座の下には宝瓶《ほうびょう》があり、中から種々の宝物があふれ出している表現がされ、願いに応える功徳を象徴している。

変わった姿として、両手の弓矢を真上に向けた姿があり、天弓《てんきゅう》愛染明王と呼ばれる。武士が台頭してくる時代の作例が多く、調伏の尊格としての性格が感じられる。

◎愛染明王の真言

「オン　マカラギヤ　バゾロウシュニシャ　バザラサトバ　ジャクウンバンコク」

▼孔《く》雀《じゃく》明《みょう》王《おう》

◎孔雀の呪文のパワーを宿した明王

孔雀明王

孔雀明王は言うまでもなく孔雀が神格化された尊格である。サンスクリット名は「マハーマーユーリー」で「すばらしい孔雀」を意味する。

インドの民衆が怖れた最大の毒蛇であるコブラの天敵は孔雀で、好んでコブラを食うという。身近な危険である毒蛇に対する優位性から、インド社会で孔雀の力が尊ばれたのである。

孔雀明王の起源は、「孔雀の呪文」である。初期仏教の時代から蛇避《よ》けの呪文はあったが、大乗仏教になり、蛇避け、あるいは蛇毒の解毒《げどく》のために孔雀の呪文が説かれた。そして災いを滅する威力をそなえた尊格《そんかく》として孔雀明王が誕生した。

『仏母大孔雀明王経《ぶつもだいくじゃくみょうおうきょう》』には次のような功徳譚《たん》がある。昔、出家して間もないある比丘《びく》が薪《まき》割りをしていたとき、朽《く》ち木の穴から毒蛇が飛び出し比丘の足を噛んだ。たちまち毒が回って口から泡を吹いて倒れたが、釈尊が孔雀明王の呪文を教え他の比丘たちが唱えたところ、毒は消えて健康を取り戻した。経典には、この呪文の功徳は蛇毒のみならずあらゆる毒獣、毒虫の害を消し、さらにはすべての病気、悪鬼の恐怖、災いなどをなくすと説かれる。後に孔雀明王は貪《とん》・瞋《じん》・痴《ち》の三毒《さんどく》煩悩を食い尽くし、災厄を滅する尊格として尊崇されることになる。

孔雀明王は、鎮護国家と祈雨《きう》（雨乞《あまご》い）の本尊としても知られる。孔雀明王を本尊とする修法の孔雀経法は真言宗の秘法とされ、戦乱や疫病《えきびょう》など国家的な災厄を除くため、また、干《かん》ばつの際に祈雨のために修されてきた。

また、修験道《しゅげんどう》の開祖とされる役小角《えんのおづぬ》は孔雀明王の呪法を修めて、鬼神を思いどおりに使い、自由に空を飛ぶなどの不思議な力を得たといわれる。

◎孔雀明王の姿の特徴

明王とは言いながら孔雀明王は忿怒形《ふんぬぎょう》ではなく、弓矢、刀剣などの武器を持つこともない、穏やかな菩薩の姿で孔雀の背中の蓮華座に坐る。光背として、孔雀の羽が大きく広がっている。

一面四臂の姿で表現されることが多く、右の手には蓮の花と倶縁果《ぐえんか》を持つ。倶縁果とはレモンとか柚子《ゆず》のような果実とされる。左手には孔雀の尾羽と吉祥果《きっしょうか》を持つ。吉祥果とはザクロのことである。

持物《じもつ》の意味について、蓮華は慈悲を表し、倶縁果は気力を増し、吉祥果は魔除け、尾羽は災難を払うという解釈がある。

胎蔵界曼荼羅《たいぞうかいまんだら》では一面二臂像で、尾羽と蓮華を持つ。その他、一般的ではないが三面六臂像、一面六臂像もある。

◎孔雀明王の真言

「オン　マユラ　キランデイ　ソワカ」

5 胎蔵界曼荼羅と大日如来

◎曼荼羅《まんだら》とは何か

曼荼羅とはサンスクリット語のマンダラを音写した言葉で、マンダは「心髄《しんずい》」とか「中心」を表し、ラは「～を持つ」という意味の接尾辞である。ここから「心髄を持つもの」の意味となる。心髄（エッセンス）とは仏さまの悟りの智恵をいう。輪円具足《りんねんぐそく》（円のようにすべてが具《そな》わっている）とも漢訳され、曼荼羅は、仏さまの智恵を余すところなく表した「聖なる空間」とされる。

インド・チベットは別として、日本で最も多く見られるのは胎蔵界《たいぞうかい》と金剛界《こんごうかい》の二つの曼荼羅である。真言宗《しんごんしゅう》や天台宗《てんだいしゅう》の寺院では堂内に掛けて祀《まつ》られることが多い。

弘法大師空海《こうぼうだいしくうかい》は、

「密蔵深玄《みつぞうしんげん》にして翰墨《かんぼく》に載せがたし。更《さら》に図画を仮《か》りて悟らざるに開示《かいじ》す……経疏《きょうしょ》、秘略《ひりゃく》して、之《これ》を図像に載せたり。密蔵の要《かなめ》、実に茲《こ》れに繋《かか》れり」〈密教の教えは深遠であり、文章で説き明かすことは容易ではない。そこで、図画などを用いて未《いま》だ悟りを開いていない人たちに説き示す。……経典や注釈では深い教えを十分に表現できないので図像として表している。密教の要点は実にここにある〉（『御請来目録《ごしょうらいもくろく》』）

と述べている。仏教の真理を可視的に示したものとして曼荼羅を重要視していたことがわかる。胎蔵界と金剛界のどちらも大日如来《だいにちにょらい》を中心とした曼荼羅であり、それぞれ胎蔵界大日如来と金剛界大日如来の智恵や理念を表現したものである。

本項と次項の二回に分けて、それぞれの曼荼羅の特徴と大日如来を解説していきたい。

▼胎《たい》蔵《ぞう》界《かい》曼《まん》荼《だ》羅《ら》

◎大日如来の大慈悲

胎蔵界曼荼羅は『大日経』に説かれる曼荼羅である。正しくは「大悲《だいひ》胎蔵生《たいぞうしょう》曼荼羅」とよばれ、「大日如来の大慈悲《だいじひ》の母胎から生まれた曼荼羅」を意味する。厳密には「界」は付かないが、金剛界に引かれて胎蔵界と呼ばれ、二つを合わせ「両界《りょうかい》曼荼羅」とされることが多いため、ここでも胎蔵界曼荼羅としておく。

さて、胎蔵界曼荼羅のテーマは、「大日如来の大慈悲」であると言えよう。その大日如来の大慈悲について、『大日経』の注釈書である『大日経疏《しょ》』には次の三つの特質が示される。

一、除闇遍明《じょあんへんみょう》——大日という名称から太陽に関連する尊格《そんかく》という印象を持つが、太陽の光が日中に限定され、また物の内部や陰には届かない限定的なものであるのに対し、大日如来の

胎蔵界曼荼羅
（千葉・成田山新勝寺蔵）

大慈悲の光明は昼夜の別なくあらゆる所に行きわたり、すべてのものに等《ひと》しくそそがれる（遍明）。そして衆生《しゅじょう》の煩悩《ぼんのう》の闇を取り除き、楽を与える（除闇）。

二、能成衆務《のうじょうしゅむ》――太陽の光によって種子から草木が成長するのと同じく、大日如来の光は衆生に芽生《めば》えた仏心《ぶっしん》（菩提心《ぼだいしん》）を照らし、力を与えて、衆生が仏道修行の道を歩み、さまざまな善根功徳《ぜんごんくどく》（衆務）をやりとげる（能成）よう助ける。

三、光無消滅《こうむしょうめつ》――太陽が消えてしまうことがないのと同じく、大日如来の光は消滅することなく輝き続ける。

二番目の能成衆務について、大日如来の大慈悲のはたらきは「六大《ろくだい》」として現れると考えられている。六大とは、宇宙を構成する地大《ちだい》・水大《すいだい》・火大《かだい》・風大《ふうだい》・空大《くうだい》・識大《しきだい》の六種類の本体的要素をいう。

地大とは、大地がこの世界のあらゆるものを支えているように、すべてのものを支え持つはたらき。水大とは、水分が草木を成育させ、潤《うるお》すように、あらゆるものにみずみずしい喜びを与えるはたらき。火大とは、火が一切の汚れを燃やし尽くすように、無智の煩悩を焼き滅ぼすはたらき、また、太陽のぬくもりにより植物が生育するように、衆生の仏心を伸ばすはたらき。風大とは、風が塵《ちり》を吹き飛ばすように、煩悩の塵を吹き払うはたらき。空大とは、大空に障害物がないように、とらわれなく伸びやかなはたらき。識大とは、地大から空大までの五大を貫《つらぬ》いている心とされる。

このように、地・水・火・風・空の五大は科学的に見た宇宙の構成要素ではない。大日如来の智恵、いのちのはたらきとして考えられている。「大」の文字がついているのは、それぞれの要素が宇宙に遍満《へんまん》していることを表す。大地に落ちた種が水分や日光の暖かさ、そよぐ風、さえぎるもののない空間によって、やがては大木となっていくのと同じく、私たちの中に生まれた仏心が大日如来に見守られて大きく育っていく。それが大日如来の大慈悲である。

◎胎蔵界曼荼羅の構造

胎蔵界曼荼羅は大日如来の大慈悲が広がっていくさまを同心円状に表したものである。ただ、全体の構成が四角であるため、同心円として描かれるのではなく同心方形とでも言うべき形状となっている。

全体は十二の区画《くかく》に分かれ、それぞれを院《いん》とよぶ。大日如来が位置する中央の中台八葉院《ちゅうだいはちようい》を残りの十一院が二重三重に取り囲んでいる。各院には功徳・役割が共通する尊格のグループが集まっており、中心となる尊格の名称により、「釈迦院《しゃかいん》」「文殊院《もんじゅいん》」「地蔵院《じぞういん》」などとよばれる。

なお曼荼羅には方位があり、胎蔵界曼荼羅は上が東、下が西となる。

中台八葉院

中央に大きな位置を占める中台八葉院では、花弁が八つに開いた大きな蓮華が目につく。中台八葉院のみならず、胎蔵界曼荼羅の諸尊《しょそん》は蓮華の上に描かれている。蓮華は慈悲の象徴であるから、ここにも大慈悲の曼荼羅である胎蔵界曼荼羅の特徴が現れているといえる。

中台八葉院の蓮華の上には、大日如来を中心として四方に四《し》如来——宝幢《ほうどう》如来（東）・開敷華《かいふけ》王《おう》如来（南）・無量寿《むりょうじゅ》如来（西）・天鼓雷音《てんくらいおん》如来（北）——が取り囲む。そして如来の中間に、普《ふ》賢《げん》菩薩（東南）・文殊菩薩（南西）・観音菩薩（西北）・弥勒《みろく》菩薩（北東）の四菩薩が位置を占める。

四如来のうち、宝幢如来は発心《ほっしん》、開敷華王如来は修行、無量寿如来は菩提、天鼓雷音如来は涅《ね》槃《はん》を象徴している。衆生に菩提心が生まれ（発心）、仏道の修行を重ね、悟りを体験し、やがてその境地を自らのものとする、そのような衆生の営みを大日如来は大慈悲のはたらきで後押《あとお》ししている。

そして、中央の大日如来は方便《ほうべん》を象徴しているとされる。方便とは具体的にさまざまな手だてを用いて衆生を苦しみから救い、楽を与えることである。

発心・修行・菩提・涅槃で完成するのではなく、方便を究極の目標とするのが胎蔵界曼荼羅の理念である。

胎蔵界曼荼羅の全体の構造

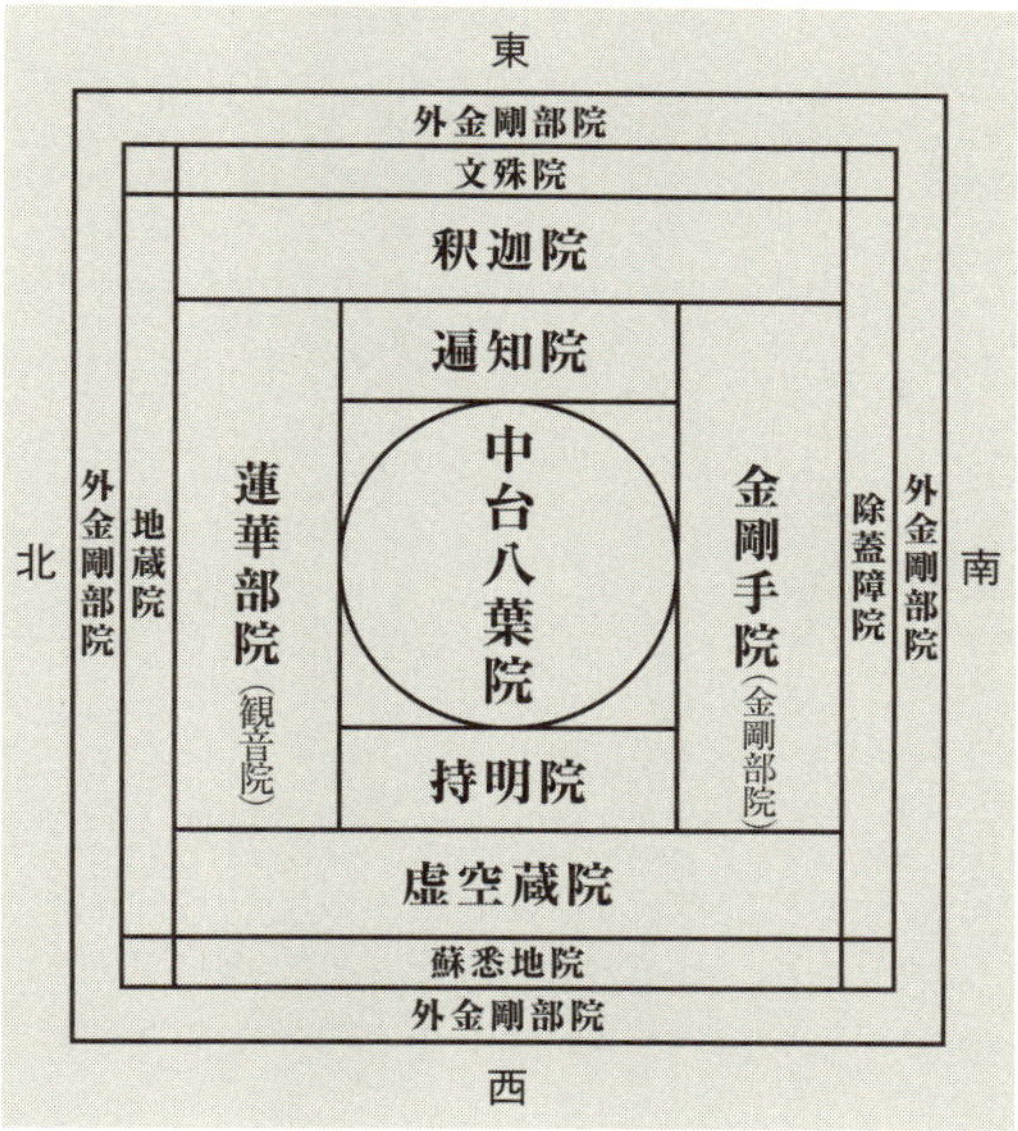

胎蔵界曼荼羅の中心、中台八葉院

『大日経』に、

「如来の最高の智恵は、菩提心を因《いん》とし、大悲の心を根本とし、方便を究竟《くきょう》（最終目的）とする」（三句の法門）

という有名な言葉があるが、まさにこれを表現したものが胎蔵界曼荼羅であるといえる。

中台八葉院の普賢・文殊・観音・弥勒の四菩薩は、それぞれ宝幢以下の四如来を補佐し、四如来のはたらきを菩薩としての立場から強めることを示したものである。

三部《さんぶ》

十二院から構成される胎蔵界曼荼羅だが、全体の基本的な概念として仏部《ぶつぶ》、蓮華《れんげ》部、金剛《こんごう》部の三部に分けられる。

インドのアジャンター遺跡の壁画にも見られるように、釈迦如来を中心に金剛手《こんごうしゅ》・蓮華手《れんげしゅ》の二菩薩を配した三尊《さんぞん》形式は古くからあった。胎蔵界曼荼羅にはこの形式が受け継がれ、大日と四仏の坐す中台八葉院を仏部とし、向かって右（南）に金剛手院（金剛部院）があり、左（北）に蓮華部院（観音院）が位置する。金剛手院には金剛薩埵《こんごうさった》を中心に金剛杵《しょ》を持つ諸尊、蓮華部院には観《かん》自在《じざい》菩薩を中心に観音グループの諸尊が集まっている。金剛杵は菩提心と智恵の象徴であり、蓮華は慈悲を示す。このように、悟りそのものとしての中台八葉院の左右に智恵と慈悲の諸尊が配置されている。

なお、中台八葉院・金剛手院・蓮華部院だけではなく、胎蔵界曼荼羅全体を中央と左右に分け三部とする解釈もある。

また、中台八葉院のすぐ下（西）には般若《はんにゃ》菩薩を中心とする持明院《じみょういん》があり、不動明王《ふどうみょうおう》はここに現れる。上（東）の遍知院《へんちいん》には三角の印があり如来の智恵を示す炎を表しているとされる。その外側の釈迦院、地蔵院、虚空蔵《こくうぞう》院、除蓋障《じょがいしょう》院、蘇悉地《そしつじ》院には、それぞれ同じグループに属する尊格が集まる。

胎蔵界曼荼羅・持明院の一尊、勝三世明王

無色の太陽光をプリズムで分光すれば赤から青紫までさまざま色に分かれるように、中央の大日如来のはたらきが、それぞれ特色を持った尊格として現れ、あるいは観音菩薩として、また不動明王として衆生を導き救う、そのさまを胎蔵界曼荼羅は表している。すべては大日如来が姿を変えて現れたものである。

外《げ》金剛《こんごう》部《ぶ》院

注目すべきは、胎蔵界曼荼羅を四方から取り囲む外金剛部院（最外院《さいげ》）である。ここには、梵《ぼん》天《てん》、帝釈《たいしゃく》天、毘沙門《びしゃもん》天など我々にもよく知られる神々のほか、二十八宿《にじゅうはっしゅく》とか十二宮《じゅうにきゅう》など天体の神々（星宿《せいしゅく》）など本来はインドの神々であったが、仏教に善神として取り入れられた尊格が数多く登場し、曼荼羅全体の護衛の役目を担《にな》っている。

中には死者を食らう鬼神（ダキニ天など）も現れ、大日如来が変化して現れたものとしても、どう理解すればよいか戸惑《とまど》う。これについて、密教は、「等流法身《とうるほっしん》」という概念で説明している。

胎蔵界曼荼羅・外金剛部院のダキニ天

密教では大日如来の現れ方として自性《じしょう》・受用《じゅゆう》・変化《へんげ》・等流の四種法身《ししゅほっしん》を説く。

自性法身とは時間　空間を超えた真理そのものである大日如来のことで、自然界のあらゆるものが大日如来の姿であるともいえる。密教以前の仏教では法身は自ら説法をすることはないと考えたが、密教はそれと異なり、法身も言葉では表せないあり方で説法するとした。それは夕焼けや桜の花が私たちに感動を与えることからも理解できる。

次の受用法身は阿弥陀《あみだ》如来や薬師《やくし》如来など個別の如来として現れ説法している存在。変化法身は、釈尊《しゃくそん》（釈迦如来）のように人間世界に実際に現れて人々を導く聖者。

そして、等流法身とは大日如来が導くべき衆生と同じ姿形で、仲間のような存在となり、相手を救うというあり方をいう。

『観音経』に、観音菩薩は三十三の姿に身を変えて衆生を救うと説かれる。その中には女性もあれば幼い子供もある。それと同様、大日如来も神々や鬼神にまで身を変えて衆生を救うのである。

▼胎《たい》蔵《ぞう》界《かい》大《だい》日《にち》如《にょ》来《らい》

◎胎蔵界大日如来の姿の特徴

中台八葉院に現れる大日如来は、阿弥陀如来や薬師如来などの一般の如来とは姿が異なる。他

胎蔵界大日如来

の如来の毛髪は渦巻《うずま》き状に縮《ちぢ》れた螺《ら》髪《ほつ》形《ぎょう》であるのに対し、髪は長く伸ばし肩まで垂らしている。頭頂には髪を高く結《ゆ》い上げ冠《かんむり》を頂《いただ》く。他の如来と逆に、胸飾り、耳飾り、瓔珞《ようらく》、臂釧《ひせん》（ブレスレット）などの装飾品で身を飾る。これは菩薩の姿であって、他の如来では見ることができない。

　このような菩薩形《ぎょう》をとる理由について、〝大日如来は一般の如来と違って「最高の如来」であることを示すためである〃とか、〝世俗を離れた理想世界に存在する如来ではなく、外金剛部の等流法身でも見てきたように、世俗の中で、さまざまな場面に対応して衆生を導いていくことを理想とする（方便を究竟とする）大日如来にとって、きらびやかな装飾品をつけた現実世界での王者の姿がふさわしい〟などの説がある。

両手は法界定印《ほうかいじょういん》を結ぶ。禅定《ぜんじょう》を示す印《いん》であり、坐禅をするときのスタイルである。左手は衆生、右手を仏とし、重ね合わせることにより、衆生と仏が一体であり、我々が仏のいのちの中に生きていることを示すという。

◎胎蔵界大日如来の真言

「オン　アビラウンケン」

6 金剛界曼荼羅と大日如来

前項では、「胎蔵界曼荼羅《たいぞうかいまんだら》」と、胎蔵界曼荼羅の主尊である「胎蔵界大日如来《だいにちにょらい》」について、詳しく見た。

本項では、胎蔵界曼荼羅と〝対《つい》〟の関係にある「金剛界《こんごうかい》曼荼羅」と、金剛界曼荼羅の主尊である「金剛界大日如来」について、詳しく見ていくこととする。

金剛界曼荼羅《こんごうかいまんだら》

◎「ドラマ型」と「フラクタル」

金剛界曼荼羅は『金剛頂経《こんごうちょうきょう》』に説かれる曼荼羅である。『金剛頂経』は『大日経《だいにちきょう》』より二、三〇年遅れて成立したとされる。広い意味での『金剛頂経』は単一の経典ではなく、十八会《じゅうはって》（十八種類）に分かれた経典群の総称だが、狭い意味で言う場合は、十八会のうちの初会《しょえ》にあたる『金剛頂一切如来真実摂大乗現証大教王経《こんごうちょういっさいにょらいしんじつしょうだいじょうげんしょうだいきょうおうきょう》』（『初会金剛頂経』）を指す。

金剛界曼荼羅は全体が九区画に分かれる。九区画はそれぞれ「会《え》」とよばれ、成身会《じょうじんえ》、三昧耶会《さんまやえ》、微細会《みさいえ》、供養会《くようえ》、四印会《しいんえ》、一印会《いちいんえ》、理趣会《りしゅえ》、降三世会《ごうざんぜえ》、降三世三昧耶会《ごうざんぜさんまやえ》の九会《くえ》からなることから「九会曼荼羅」ともいう。そのうち八区画は『初会金剛頂経』に説かれ、真言宗で重視される『理趣《りしゅ》経《きょう》』にもとづく「理趣会」と呼ばれる区画は『金剛頂経』十八会のうち六会に説かれている。

胎蔵界曼荼羅が全体として一場面であるのに対して、それぞれが一つの曼荼羅である九種類の場面を総合し、大きな一つの曼荼羅としてまとめたものが金剛界曼荼羅である。

九会それぞれに全く違った尊格《そんかく》が登場しているわけではなく、一部を除いてほぼ同じ仏さまが現れ方を変えて描かれている。胎蔵界曼荼羅と金剛界曼荼羅の違いについて、胎蔵界曼荼羅はすべてのメンバーが一堂に会する「オーケストラ型」であり、金剛界曼荼羅は同じメンバーが何度も場面を変えて登場する「ドラマ型」だという指摘があるが、両曼荼羅の特徴を端的に表している。

なお、金剛界曼荼羅は、大日如来一尊だけが表された「一印会」や大日如来と周囲の四尊の姿形を描いた「四印会」を別として、他の七会にはすべて大きな円に内接した五つの小円があり、小円の中には同様にまた五つの小さな円が内接して、それぞれの円の中に尊格が位置している。

全体の姿と細部の形が相似形をした図形は、幾何学の用語で「フラクタル」とよばれ、雪の結晶や繁茂《はんも》した木の枝などが例とされるが、フラクタルには数学的な美しさと神秘性が感じられる。金剛界曼荼羅に描かれた五つの円が象徴する図形を見ると、ある種のフラクタルであり、ミクロな世界からマクロな宇宙までをつらぬいている美しい秩序、大日如来の智恵を感じられるような気がする。

なお、金剛とはダイヤモンドを指し、最も堅固《けんご》なことを意味する。大日如来の智恵が何ものによっても壊されることない永遠不滅であることを示す。また金剛には稲妻《いなづま》の意味もあり、鋭い雷のような大日如来の智恵が衆生《しゅじょう》の煩悩《ぼんのう》を打ち破るというイメージも持つ。

界とは領域とか世界をいい、金剛界とは金剛の智恵を持つ大日如来の悟りの世界を示すといえるだろう。

金剛界曼荼羅の全体の構造

西

南＼北		
四印会	一印会	理趣会
供養会	成身会	降三世会
微細会	三昧耶会	降三世三昧耶会

東

金剛界曼荼羅の中心、成身会

◎金剛界曼荼羅の構造

金剛界曼荼羅を構成する「九会《くえ》」の概要について、頼富本宏《よりとみもとひろ》先生が会社の組織などにたとえたわかりやすい解釈を示されているので、それを紹介させて頂きたい。

(1)成身会《じょうじんえ》――金剛界曼荼羅の中心で、密教的世界を尊格の具体的な姿形で表現したもの。組織でいうと全体総会。

(2)三昧耶会《さんまやえ》――成身会を、諸尊の働きを示す持物（三昧耶形《さんまやぎょう》という）などで表現したもの。

(3)微細会《みさいえ》――成身会を文字や音で表現したもの。聖なるものと波長を合わせて共鳴するバイブレーションの世界。

(4)供養会《くようえ》――成身会の内容を諸尊の働きやエネルギーで表現したもの。

(5)四印会《しいんえ》――成身会を簡略化し、代表的尊格のみで表現したもの。会社の局部長会議に相当する。

(6)一印会《いちいんえ》――成身会を一尊（大日如来）のみで表現したもの。社長室のようなもの。

(7)理趣会《りしゅえ》――金剛界曼荼羅の教えを煩悩即菩提《ぼんのうそくぼだい》の教えを象徴する金剛薩埵《こんごうさった》などで表現した

もの。理趣会には大日如来が登場せず、組織でいえば外部出向といえる。

(8) 降三世会《ごうざんぜえ》——素直に教えに従わないもののために、成身会の尊格を忿怒《ふんぬ》の仏である降三《ごうざん》世明王《ぜみょうおう》などで表現したもの。

(9) 降三世三昧耶会《ごうざんぜさんまやえ》——降三世会の尊格について、その働きを示す持物などで表したもの。

こうして見ると、金剛界曼荼羅は、中心の成身会が基本となっていることがわかる。

成身会の中央尊格＝五智如来《ごちにょらい》

成身会の名称は「五相成身観《ごそうじょうじんがん》」という観想法《かんそうほう》に由来している。「五相成身観」とは『金剛頂経』に説かれるもので、五種の観想をこらし真言を唱えることにより悟りをめざす方法をいう。この「五相成身観」によって悟りに達した姿を表現したものが「成身会」である。

「成身会」の中心の円輪、その中心に大日如来が位置する。そして、周囲の大きな四個の円輪の中心には、阿閦《あしゅく》（東）・宝生《ほうしょう》（南）・阿弥陀《あみだ》（西）・不空成就《ふくうじょうじゅ》（北）という金剛界の四仏が場所を占める。なお、金剛界曼荼羅は胎蔵界曼荼羅と逆に上方が西となるので、下方から右回りに阿閦・宝生・阿弥陀・不空成就の四仏となる。この四仏は、総合的な徳性を有する大日如来が、四方面

── 五智如来 ──

（金剛界曼荼羅の中心となる五人のブッダ）

宝生如来
（南、平等性智）

阿弥陀如来
（西、妙観察智）

大日如来
（中央、法界体性智）

阿閦如来
（東、大円鏡智）

不空成就如来
（北、成所作智）

に属性や作用が特化した如来として展開させたものである。

大日如来は悟りそのものである法界体性智《ほうかいたいしょうち》を象徴し、阿閦はすべてのものを明らかに映しだす大きな鏡のような大円鏡智《だいえんきょうち》、宝生はあらゆるものを平等に見る平等性智《びょうどうしょうち》、阿弥陀は衆生のありさまを観察するのにすぐれ、ふさわしく導く妙観察智《みょうかんざっち》、不空成就は衆生を導く仕事をなしとげる成所作智《じょうしょさち》を象徴している。法界体性智・大円鏡智・平等性智・妙観察智・成所作智を合わせて五智といい、大日・阿閦・宝生・阿弥陀・不空成就の五如来はまとめて五智如来ともよばれる。なお、大日如来の智恵である法界体性智は大円鏡智以下の四智と別のものではなく、すべてを総合したものである。

また、阿閦以下の四仏は大日如来の徳性を次のように四方面に分けて象徴している。阿閦は衆生を導く力強さ、宝生は物心両面の宝や価値、阿弥陀は慈悲や智恵、不空成就は具体的な教化の作業を、それぞれに分け持ち徳性としたものといえる。

成身会の諸菩薩

以上が五つの大円輪の中央尊格で、さらに大日如来以外の四仏の周囲にはそれぞれに四つの小円輪があり、中に次のような菩薩が配置される。四親近菩薩《ししんごんぼさつ》とよばれ、すべて合わせて十六大《だい》菩薩という。

阿閦《あしゅく》――金剛薩埵《こんごうさった》・金剛王《おう》・金剛愛《あい》・金剛喜《き》
宝生《ほうしょう》――金剛宝《ほう》・金剛光《こう》・金剛幢《どう》・金剛笑《しょう》
阿弥陀《あみだ》――金剛法《ほう》・金剛利《り》・金剛因《いん》・金剛語《ご》
不空成就《ふくうじょうじゅ》―金剛業《ごう》・金剛護《ご》・金剛牙《げ》・金剛拳《けん》

それぞれの菩薩は、主となる四仏のはたらきをより具体的に展開した尊格であり、実践的に示したものである。

中央の大日如来の周囲にも四円輪がある。ここには四波羅蜜菩薩《しはらみつぼさつ》とよばれる四尊（金剛波羅《こんごうはら》蜜《みつ》・宝《ほう》波羅蜜・法《ほう》波羅蜜・業《ごう》波羅蜜）が位置し、大日如来のそばにあって阿閦以下の四如来のはたらきを助ける役割を受け持っている。四波羅蜜菩薩は、四仏が中央の大日如来への供養として出現させた菩薩でもある。

大日如来は、四仏の供養を受けて今度は四仏への供養尊を生み出す。それが金剛嬉《こんごうき》・金剛鬘《まん》・金剛歌《か》・金剛舞《ぶ》の四菩薩で、五仏を含む円輪の各隅《すみ》にあって内《ない》の四供養菩薩とよばれる。この供養に応えて、四仏が大日如来を供養するために生み出した尊が、金剛香《こう》・金剛華《け》・金剛灯《とう》・金剛塗《ず》の四菩薩である。円輪の外側の四隅に配置される。外《げ》の四供養菩薩という。内の四供養菩薩、外の四供養菩薩の名称を見ると、歌や踊り、喜びの様子や花飾り、それに私たちが仏壇に供《そな》える灯明《とうみょう》や花、香までが菩薩のはたらきとして表されているのが興味深い。大日如来と他の四仏がこうして互いに供養しあう所から転じて、真言宗《しんごんしゅう》では人間関係においての「相互供養・相互礼《らい》拝《はい》」を重視する。

　四仏の供養を受けて、さらに大日如来は金剛鉤《こう》・金剛索《さく》・金剛鎖《さ》・金剛鈴《れい》という四菩薩（四《し》摂《しょう》菩薩）を出現させ衆生救済の道すじを示す。鉤（かぎ）で衆生を大日如来の曼荼羅世界へ引き入れ、索（なわ）でつなぎとめ、鎖でしっかりと留め、鈴で喜びを与えるという。衆生の側《がわ》から見れば、何かの縁で信仰の道に引き入れられ（鉤）、次第に理解を深め（索）、信を深めて（鎖）、やがて信仰の喜び（鈴）にひたる、そのような道程が見える。四摂菩薩は、外の四供養菩薩と同じ領域の東西南北の四方に配置される。

　以上紹介してきた五仏・四波羅蜜・十六大菩薩・内の四供養・外の四供養・四摂の尊格を合わせた三十七尊が金剛界曼荼羅成身会の重要なメンバーである。

　成身会の構成をみると、歴史的にすでに成立していた尊格を並べたというのではなく、はっきりとした理念のもとに、それぞれふさわしいはたらきを有する尊格が配置されていることがわかる。かつて観音《かんのん》や文殊《もんじゅ》とよばれた尊も、金剛法、金剛利と名前が変わって、新たな役割をになっている。また、中央と周辺との間で展開とか供養という運動ベクトルも見られ、まことに整ったシステムであるといえる。

▼金剛界大日如来《こんごうかいだいにちにょらい》

◎金剛界大日如来の姿の特徴

金剛界曼荼羅の中で、三昧耶会、理趣会、降三世三昧耶会の三会を除いた六会の中心には大日如来の尊形《そんぎょう》が描かれ、ことに一印会には単独で大きく現れている。

胎蔵界大日如来と同じで、髪を長く肩まで伸ばし、頭頂に髪を結《ゆ》って冠を頂く。冠は五角形で、五智を象徴する五仏（五智如来）が描かれている。身体に装飾品を付けるのも胎蔵界大日如来と

金剛界大日如来

同じである。

胎蔵界と異なるところは印《いん》であり、胎蔵界の法界定印《ほうかいじょういん》に対して、金剛界では智拳印《ちけんいん》を結ぶ。智拳印は、拳を握った左手の人差し指を伸ばし、右手も拳にしてその指を握りこむ形の印である。左手の伸ばした指は衆生の菩提心《ぼだいしん》が伸びていくことを表し、それを包む右手は五智による如来のみちびきを示すとされる。衆生の信心・向上の努力に対して、如来の加護・教化の力が加わり、悟りが得られることを示した印という。

◎金剛界大日如来の真言

「オン　バザラダトバン」

バザラダトはサンスクリット語のヴァジュラ（金剛）・ダートゥ（界）。バンは、金剛界大日如来を一文字で表した種字《しゅじ》である。ちなみに胎蔵界大日如来の種字はアである。

◎金胎不二《こんたいふに》

胎蔵界曼荼羅は、大日如来の大慈悲の中で地《ち》・水《すい》・火《か》・風《ふう》・空《くう》・識《しき》の六大《ろくだい》として展開するこの世界の真理（理）を表すとされる。一方、金剛界曼荼羅は、以上見てきたようにこの世界を貫く大日如来の智恵（智）を示す。胎蔵界曼荼羅は物質的原理、金剛界曼荼羅は精神的原理にそれぞれ重点を置くともいえる。

このように両曼荼羅が象徴するものは別の真理なのだが、二つの真理は、二つでありながら実は一つのものであるという解釈が広く行われ、しばしば「金胎不二」とか「理智《りち》不二」という言い方で説かれる。日本の密教寺院では、金剛界曼荼羅と胎蔵界曼荼羅が一対として掛けられ、卒《そ》塔婆《とば》の梵字《ぼんじ》も、表裏に、それぞれ金剛界と胎蔵界を示す文字を書いて不二の真理を示す。

金剛界曼荼羅の典拠である『金剛頂経』と胎蔵界曼荼羅の基となった『大日経』とは別個のものであり、本来、インドでは二つを一対とする思想はなかった。ところが両経が中国に入ってから、陰陽《いんよう》という二元論を重視する中国の影響などにより、空海の師である恵果《けいか》によって二つの理念を一対とする思想が生まれたともいわれる。また空海自身による思想であったともされる。

7

密教独特の菩薩

◎密教独特の菩薩《ぼさつ》とは

本項では、「菩薩」という尊格《そんかく》カテゴリーの中から、密教独特の菩薩を、いくつかピックアップし紹介したいと思う。

密教独特の菩薩は、金剛薩埵のような密教行者の理想像から、千手観音のような多面多臂像など、実に多彩である。

金《こん》剛《ごう》薩《さっ》埵《た》

◎密教行者の理想像

金剛薩埵は、金剛界曼荼羅《こんごうかいまんだら》では中央の大日如来《だいにちにょらい》の東方にいる阿閦《あしゅく》如来の四親近《ししんごん》菩薩の筆頭として登場する。阿閦如来は堅固《けんご》な菩提心《ぼだいしん》を象徴する尊格だが、金剛薩埵はさらに活動的なあり方を示す。すなわち、ひとたび菩提心を発《おこ》し仏道修行のこころざしを立てたならば、何があろうと引くことはないという誓願《せいがん》を鮮明に示しており、それゆえ密教の修行者（密教行者）にとって生き方の理想像とも言える尊格である。。

『華厳経《けごんぎょう》』に説かれる普賢《ふげん》菩薩は修行の象徴ともいうべき尊格であり、弘法大師空海《こうぼうだいしくうかい》の願文《がんもん》にもある「虚空《こくう》尽《つ》き、衆生《しゅじょう》尽き、涅槃《ねはん》尽きなば、我《わ》が願いも尽きん」という言葉は、『華厳経』にある「永遠に衆生救済の活動に尽くす」という普賢菩薩の誓願を示すものである。金剛薩埵は普賢菩薩のそのような性格を受け継いだ尊格で、しばしば普賢菩薩と同じとされ、普賢金剛薩埵《ふげんこんごうさった》

金剛薩埵を中尊とする「五秘密菩薩」。
欲・触・愛・慢の四菩薩が、金剛薩埵を取り囲んでいる。

という名称もある。

金剛薩埵は、その尊名の通り金剛杵《こんごうしょ》を持つことから、金剛手菩薩《こんごうしゅ》、執金《しゅうこん》剛《ごう》などともよばれる。胎蔵界《たいぞうかい》曼荼羅でも金剛手院の主尊《しゅそん》として登場する。

金剛杵（ヴァジュラ）とは本来、インドラ神（帝釈天《たいしゃくてん》）が持つことで知られる古代インドの武器であった。仏教に取り入れられ、金剛杵を持つ執金剛神は釈尊《しゃくそん》を護衛《ごえい》する立場の守護神であったが、密教では、金剛杵に煩悩《ぼんのう》に打ち勝つ如来の智恵を象徴するという深い意味が付与《ふよ》されるとともに、執金剛神は金剛薩埵として重要な尊格となった。

また真言宗《しんごんしゅう》の伝統では、大日如来の教えが金剛薩埵に伝えられ、金剛薩埵から、龍猛《りゅうみょう》、龍智《りゅうち》、金剛智《こんごうち》、不空《ふくう》、善無畏《ぜんむい》、一行《いちぎょう》、恵果《けいか》、弘法《こうぼう》（空海）と伝わったとされる。すなわち、金剛薩埵は大日如来と人間をつなぐ役割を担《にな》っているといえる。

『理趣経《りしゅきょう》』は「煩悩即菩提《ぼんのうそくぼだい》」の教えを説く経典だが、その理念を示した金剛界曼荼羅の理趣《りしゅ》会《え》には、金剛薩埵を中心にして、欲《よく》金剛・触《そく》金剛・愛《あい》金剛・慢《まん》金剛の四菩薩が寄り添う五秘密《ごひみつ》菩薩が描かれる。密教、ことに『理趣経』では欲を否定することはなく、欲の持つエネルギーを仏道修行の方向に振り向けるよう教える。煩悩を厭《いと》うのではなく、欲望渦巻《うずま》く現世のただ中にあって、正しい道を求めて努力を続けるというあり方を理想とするのである。どこにあってもひたむきな心こそが大切という「直心是道場《じきしんこれどうじょう》」という言葉が思い浮かぶ。そこで、五秘密菩薩の姿は、相手を欲《ほっ》し、抱擁《ほうよう》したいと願い、愛し、満たされたいという欲・触・愛・慢の四菩薩をそばに置くことによって、煩悩即菩提の理想を示すのである。

◎金剛薩埵の姿の特徴

金剛薩埵の像は金剛杵と金剛鈴《れい》を持つのが特徴であり、金剛鈴は衆生の菩提心を呼びさます功《く》徳《どく》を示すという。

◎金剛薩埵の真言

「オン　バザラサトバ　アク」（バザラサトバは金剛薩埵のサンスクリット名）

▼大《だい》随《ずい》求《ぐ》菩《ぼ》薩《さつ》

◎強力な陀羅尼

大随求菩薩のサンスクリット名はマハープラティサラーで、インドでは妊婦を守護する女尊《にょそん》とされ、孔雀明王《くじゃくみょうおう》などとともに五守護女神（パンチャラクシャー）の一尊とされた。プラティサラーとは、もともと従僕《じゅうぼく》とか魔除けの輪などの意味を持つが、それらのものが人々の欲求に随《したが》って物事をかなえるというところから大随求と漢訳されたようである。

尊像《そんぞう》として造られることは少ないが、大随求菩薩の信仰として特徴的なものはこの尊の陀羅尼《だらに》

大随求菩薩

である。大随求陀羅尼は、数多くの陀羅尼のうちで最も長文のものとして知られ、仏教の伝播《でんぱ》した地域の多くで、増益《ぞうやく》や授産の功徳があると考えられて、広く信仰された。大随求菩薩の陀羅尼を説いた経典には、その功徳として病気平癒《へいゆ》、安産、悪鬼退散、怨敵《おんてき》退散ほかが説かれる。そして、この陀羅尼を聴く功徳を始め、読誦《どくじゅ》および書写《しょしゃ》の功徳のほか、特徴的なものとして、この陀羅尼を首や手に掛けておれば諸仏や神々に守護され、あらゆる願望がかなうと説かれている。この教えにより、大随求陀羅尼を折りたたんで肌身につける信仰が江戸時代に流行した。また、死後に大随求陀羅尼の功徳により亡者が助かるとも説かれ、追善供養《ついぜんくよう》の卒塔婆《そとば》の裏面に、大随求菩薩を示す梵字《ぼんじ》一文字を書き記す習慣がある。

◎大随求菩薩の姿の特徴

一面八臂《いちめんはっぴ》で、右手に五鈷杵《ごこしょ》・剣・鉞斧《えっぷ》・三股戟《さんこげき》、左手に法輪を載せた蓮華・索《さく》・宝幢《ほうどう》・梵篋《ぼんきょう》を持つ像が知られる。

◎大随求菩薩の真言

「オン　バラバラ　サンバラサンバラ　インジリヤ　ビシュダネイ　ウンウン　ロロ　シャレイ　ソワカ」

▼般《はん》若《にゃ》菩《ぼ》薩《さつ》

◎諸仏の母

大乗《だいじょう》仏教の最も初期に成立した『般若経《はんにゃきょう》』は、「空《くう》」の思想や「六波羅蜜《ろくはらみつ》」の修行、悟りの智恵である「般若波羅蜜多《はんにゃはらみた》」を説く般若経典群の総称である。大乗仏教から密教へと続くその後の仏教史の中で、この経典はさまざまな種類の『般若経』として現れた。日本でよく知られているのは、『般若心経』『金剛般若経』、それに六百巻の大部である『大《だい》般若経』であろう。また、真言宗で読誦される『理趣経』も『般若経』のひとつである。『般若経』はもちろん仏教の深い教えを説いたものとして重要視されたのだが、それ以上に、経典そのものに対する信仰の歴史もある。『大般若経』六百巻を転読《てんどく》する法会《ほうえ》は、説かれる教えと言うより、経典を広げることによって起こる風に触れることで家内安全《かないあんぜん》・諸願成就《しょがんじょうじゅ》などの功徳があるという呪術的な意味合いを持つ。

般若菩薩

「般若波羅蜜多」そのものへの信仰は、すでにインドからあり、「般若波羅蜜多」は般若菩薩として偶像化された。この尊のサンスクリット名は、まさに「プラジュニャー・パーラミター（般若波羅蜜多）」である。これが女性名詞であることから女尊とされ、諸仏が悟りを開くには般若の智恵によるということと合わせて、般若菩薩は諸仏の母とされ「般若仏母《ぶつも》」ともよばれる。

◎般若菩薩の姿の特徴

一面六臂像がよく知られる。胸の前に置いた左の一手に経典（『般若経』）を載せる。他の五手はそれぞれに印《いん》を結ぶ。

◎般若菩薩の真言

「オン　ジ　シリシュロダ　ビジャエイ　ソワカ」

▼千手観音《せんじゅかんのん》

◎衆生の多様な願いを聞き届ける

胎蔵界曼荼羅の左下、円の中にひときわ大きく千手観音の姿が描かれている。多面《ためん》多臂《たひ》が密教のほとけの特徴の一つだが、千手観音は多臂において最たるものと言える。

千手観音のサンスクリット名は「サハスラブジャ」で「千の腕を持つ者」の意味だが、この言葉は本来、ヒンドゥー教の有力神であるシヴァ神やヴィシュヌ神を指すものであった。また、千手観音はそれぞれの手に眼があるとされ「千手千眼《せんげん》観音」ともよばれるが、「千眼」は、同じくヒンドゥー教のインドラ神の別名であり、千手観音の背景にはヒンドゥー教の神々の信仰が取り入れられていることがわかる。

千手観音

その名前の通り衆生の多様な願いを聞き届けることを示す千本の手を持つのが本来だが、実際に千手を表現した作例は日本や中国に残るものの数少ない。通常は、一手が二十五手を代表するとしての四十手と、合掌《がっしょう》する二手を合わせた四十二手の像がよく見られる。

◎千手観音の姿の特徴

四十の手には如意《にょい》宝珠や羂索《けんじゃく》、宝鉢《ほうはつ》などさまざまな道具を持ち、千手観音を説く『千手観音大悲心陀羅尼経《だいひしんだらにきょう》』によれば、願いにより、たとえば財宝を得たければ宝珠を持つ手に、不安な中で安らぎを求めるなら羂索の手に、腹中の病気平癒を祈るなら宝鉢の手に願いをかけよと説かれる。また、千手を持つ像の場合にも、四十二手以外の手は何も持たず、手のひらにそれぞれ眼を付けるのが特徴である。

なお、頭部に十一面《じゅういちめん》を付けるのが通例で、十一面千手観音、十一面千手千眼観音などの名称でも知られる。

◎千手観音の真言

「オン　バザラタラマ　キリク」

▼十《じゅう》一《いち》面《めん》観《かん》音《のん》

◎あらゆる方向に顔を向けている

十一面観音は、『観音経』に説かれる観世音《かんぜおん》菩薩の「普門示現《ふもんじげん》」（あらゆる場所に現れて衆生を救う）というはたらきを具体的に表現した尊格で、「あらゆる方向に顔を向ける」観世音菩薩の慈悲を示すために、東西南北と東北、東南などの四隅、それに上下を合わせた十方に向ける十個の顔を持つ。本来の顔と合わせて十一個になることから十一面観音とよばれる。ただ、本来の顔以外に十一面を付ける作例もよく見られる。

◎十一面観音の姿の特徴

十一面の構成としては、頭頂《とうちょう》に仏面（仏さまの顔）、頭上の正面に三個の菩薩面（慈悲面ともいい、善行を積む衆生に安楽を与える慈悲の相）、頭上の左側に三個の瞋怒面《しんぬ》（忿怒《ふんぬ》の表情、忿怒面ともいい、悪行をなす衆生をいさめて仏道に向かわせる相）、頭上の右側に三個の狗牙《くげ》上出《じょうしゅつ》面（唇の間から歯をむき出す表情で、清らかな行いをなす衆生を誉《ほ》め称《たた》える）、背面に大笑《だいしょう》面（衆生の悪を笑って仏道に向かわせる相）となる。

◎十一面観音の真言

「オン　マカキャロニキャ　ソワカ」

▼馬《ば》頭《とう》観《かん》音《のん》

◎衆生の煩悩を食い尽くす

馬頭観音は、多くの観音菩薩の中で他には見られない恐ろしい姿をしている。馬頭明王《みょうおう》とよばれることもある。サンスクリット名はハヤグリーヴァ（馬の頭を付けた者）で、元来、ヒンドゥー教のヴィシュヌ神の化身であったが、仏教に取り入れられて守護尊となった。

チベットでは馬の守護神とされ、日本でも家畜の守護尊とされる。道中の安全を守る尊として険路に祀《まつ》られることも多い。

馬が牧草を食べるように衆生の煩悩を食い尽くすともされる。

◎馬頭観音の姿の特徴

馬の頭を頭上に付けた三面六臂の姿が多い。

◎馬頭観音の真言

「オン　アミリトウドハンバ　ウンパッタ　ソワカ」

馬頭観音

8 密教の天部の神々

◎天部の神々とは

如来《にょらい》・菩薩《ぼさつ》・明王《みょうおう》とともに、〇〇天と名づけられた尊格《そんかく》も私たちに身近な存在である。総称して天部の神々とよばれる。天とは神の意味で、もともとインド古来の神々であり、仏教の誕生以前から民間で信仰されてきた。

前項まで見てきたように、たとえば大威徳《だいいとく》明王には閻魔《えんま》天（ヤマ）の要素が入っていたりするなど、仏教の尊格は多かれ少なかれインドの神々のＤＮＡを受け継いでいる。

その一方で、インドの神々はそのままに守護神として仏教へ取り込まれてもいる。梵天《ぼん》（ブラフマー）が仏伝《ぶつでん》の中で釈尊《しゃくそん》に説法を乞う役割を果たしたり（梵天勧請《かんじょう》）、帝釈天とともに守護神となったりする例が最も古く、方位を守護する神々として、伊舎那天《いしゃな》（東北）・帝釈天（東）・火天（東南）・閻魔天（南）・羅刹《らせつ》天（西南）・水《すい》天（西）・風《ふう》天（西北）・毘沙門《びしゃもん》天（北）・梵天（上）・地《ち》天（下）・日《にっ》天（太陽）・月《がっ》天（月）などの十二天もよく知られる。

本項では、天部の神々の中から、ことに密教的な信仰をあつめる尊格を取り上げてみたい。

▼毘《び》沙《しゃ》門《もん》天《てん》

◎財宝神にして軍神

毘沙門天という尊名は、サンスクリット語名のヴァイシュラヴァナを音写《おんしゃ》したものである。これ

毘沙門天

を意訳して多聞《たもん》天とも呼ばれる。持《じ》国《こく》天、増長《ぞうちょう》天、広目《こうもく》天とともに四《し》天王《てんのう》の一尊とされる場合もあるが、単独尊として祀《まつ》られることのほうが多い。なお、通例として四天王の場合には多聞天とよばれる。

インドの財宝神であるクベーラが原型で、日本で七福神《しちふくじん》の一尊ともされるように福の神の性格がある。インド神話では、夜叉《やしゃ》を眷属《けんぞく》（従者、家来《けらい》）として北方の霊山《れいざん》に住み地下の財宝を管理しているとされる。また、軍神・守護神としても尊崇され、唐《とう》の時代にシルクロードの城塞《じょうさい》に毘沙門天が出現し、街を攻撃する敵を破った伝説はよく知られる。この伝説に基づく姿は兜跋《とばつ》毘沙門天とよばれ、両足を地天女《ちてんにょ》が支え、尼藍婆《にらんば》と毘藍婆《びらんば》という二鬼（夜叉）を従える。兜跋は西域《さいいき》のトルファンのことという。日本でも、平安京の南正面にあった羅城門《らじょうもん》の楼上《ろうじょう》に安置され王城鎮護《ちんご》の役割をになっていた毘沙門天は兜跋毘沙門天で、全身に「金鎖甲《きんさこう》」という鎧《よろい》を着け、腕には「海老籠手《えびごて》」という防具を付けた武神の姿である（現在は京都の東寺《とうじ》にまつられる）。このような毘沙門天の姿は、西《せい》安《あん》の兵馬俑《へいばよう》に残る唐時代の軍人の姿とよく似ている。

奈良の信貴山《しぎさん》朝護孫子寺《ちょうごそんしじ》は毘沙門天の霊場であるが、聖徳太子《しょうとくたいし》が物部守屋《もののべのもりや》を討伐《とうばつ》するにあたり、ここで祈願をした際、毘沙門天が出現したのが寅《とら》の年、寅の日、寅の刻であったところから、毘沙門天は寅と縁が深いとされる。

◎毘沙門天の姿の特徴

左手に宝塔《ほうとう》、右手に宝棒《ほうぼう》（あるいは戟《げき》）を持つ。

◎毘沙門天の真言

「オン　ベイシラマンダヤ　ソワカ」

大《だい》黒《こく》天《てん》

福々しい容貌の大黒天（福島・弘安寺蔵）

◎忿怒形の素顔を持つ福神

大黒天は七福神のひとりで、恵比寿《えびす》さまと対《つい》になり大黒さまとして親しまれている。打ち出の小槌《こづち》を持ち、大きな袋をかついで米俵《こめだわら》の上に立つ姿がよく知られる。

ところが、インドの大黒天はこのような福徳円満《ふくとくえんまん》の姿ではなかった。大黒とはサンスクリット語のマハー（大）カーラ（黒）の訳で、ヒンドゥー教の最有力神であるシヴァ神の別名である。シヴァ神の夜の姿ともされる。

「偉大な黒色の身体をした者」という尊名だが、

カーラには「時間」という意味もあり、時の流れがすべてのものを滅亡に至らせることから、「死の神」という一面も備えている。経典には、死体遺棄場に住み鬼神を従える大黒天の姿も描かれている。

破壊神シヴァの特徴を受け継ぎ忿怒尊《ふんぬそん》の性格が本来であったが、やがて他の尊格と習合《しゅうごう》し財宝神の性格も兼ね備えるようになった。仏教に取り入れられてからは、インドの寺院で食堂の厨神《ちゅうしん》とされ、この特徴は日本まで伝来している。忿怒形《ぎょう》の大黒天は胎蔵界曼荼羅《たいぞうかいまんだら》や理趣経《りしゅきょう》曼荼羅に登場している。

日本では、音《おん》が共通していることから大国主命《おおくにぬしのみこと》と同一視されたが、この背景には「根《ね》の国（黄泉《よみ》の国）」の主である大国主命とマハーカーラの死神のイメージが重なっていたこともあるだろう。また近世以降には、正面に大黒天、右面に毘沙門天、左面に弁才天《べんざい》という三面を持つ三面大黒天も祀《まつ》られるようになった。

忿怒形の大黒天

◎大黒天の姿の特徴

よく知られる姿のほか、三面六臂《ぴ》で、両手で象の皮を背後に捧げ、剣、人間、羊をつかむ忿怒形もある。

◎大黒天の真言

「オン　マカキャラヤ　ソワカ」

▼弁《べん》才《ざい》天《てん》

◎蛇神と習合した女神

サンスリット語名をサラスヴァティーという。これは古代インドの神話的な河の名称であり、それが神格化されて河の神となり、学問や弁舌《べんぜつ》、音楽を司《つかさど》る神としても信仰を集めてきた。妙《みょう》音《おん》天、美音《みおん》天という別名もある。福徳を司る女神であるラクシュミー（吉祥《きっしょう》天）と同一視されて財宝神の性格も合わせ持つようになった。七福神では唯一の女神としてよく知られている。

琵琶《びわ》を弾く姿は日本でもよく知られ、インドでもこれが原型である。弁才とは「弁舌の才能」の意味で、智恵《ちえ》を象徴するものである。また「才」を「財」に変えて「弁財天」とする場合があるが、それは財宝神としての性格を示す尊名である。

琵琶を弾く弁才天

なお日本では、弁才天は蛇神である宇賀神《うがじん》と習合し「宇賀弁才天《うがべんざいてん》」として信仰される場合も多い。この弁才天は、頭上に蛇の身体で頭が老人の姿をした宇賀神を頂《いただ》く。

インドには、同じく琵琶を持つジャーングリー（漢訳名・蘘虞梨童女《じょうぐりどうにょ》）という女神がいるが、この尊は蛇との関連が深く、日本古来の蛇神宇賀神との習合とともに、もともとジャーングリーの要素が弁才天に混入していたとも考えられる。

宇賀弁才天（山形・正善院蔵）。
頭上に宇賀神（顔が老人で体は蛇）を載せている。

河神ということで、日本でも河や海、湖に祀られることが多く、琵琶湖には水の神であるイチキシマヒメ（弁才天と同体とされる）を祀る竹生島《ちくぶじま》神社がある。日本では弁才天の眷属として印鑰童子《いんやくどうじ》から船《せん》車《しゃ》童子に至る十五童子があると説かれ、弁才天の信者を守護するとされる。

◎弁才天の姿の特徴

二臂像→琵琶を持つ。

八臂像→左手　弓・羂索《けんじゃく》・斧・剣／右手　矢・輪宝《りんぽう》・独股金剛杵《とっここんごうしょ》・三股戟《さんこげき》　などの武器。

宇賀弁才天→八臂像の羂索・輪宝に代えて宝珠と鍵を持ち、頭上に宇賀神。

◎弁才天の真言

「オン　ソラソバテイエイ　ソワカ」

▼吉《きっ》祥《しょう》天《てん》

◎幸運と美の女神

吉祥天は幸運の女神、美の女神としてインドで広く信仰される。サンスクリット名はラクシュミー、あるいはシュリーで、どちらも幸運・繁栄・美を意味するめでたい言葉である。

インド神話によれば、この世の始めに神々が不老不死の薬である甘露《かんろ》を求めて乳海を攪拌《かくはん》したとき、波の中から蓮を手にして生まれてきたという。まるでボッティチェリの名画「ヴィーナスの誕生」を思わせるようなイメージである。

吉祥天
（京都・浄瑠璃寺蔵）

ラクシュミーはヴィシュヌ神の妻となったが、多くの変化身《へんげしん》をとるヴィシュヌ神にしたがい、ラクシュミーもさまざまに変化する。たとえばインドの有名な叙事詩「ラーマーヤナ」の主人公であるラーマはヴィシュヌ神の化身であるが、ヒロインのシーターはラクシュミーが姿を変えたものだという。

インドの造形では、二頭の象がラクシュミーの両側から聖水を掛ける構図がよく知られ、特に「ガジャ・ラクシュミー」とよばれる（ガジャは象）。仏教では鬼子母神《きしもじん》の娘で毘沙門天の妻とされる。功徳《くどく》天、宝蔵《ほうぞう》天女ともよばれる。衆生《しゅじょう》の罪過《ざいか》を懺悔《さんげ》し幸福を祈る法要である「悔過法要《けかほうよう》」は、東大寺二月堂の本尊十一面観《じゅういちめんかん》音《のん》に対する「十一面悔過」（お水取《みずと》り）がよく知られるが、吉祥天を本尊とし、『金光明最勝王《こんこうみょうさいしょうおう》経《きょう》』を唱える「吉祥悔過」も奈良時代から平安時代に各地の寺で修正会《しゅしょうえ》として行われ、現在も奈良の薬師寺で行われている。単独尊として祀られるほか、善膩師《ぜんにし》童子とともに毘沙門天の脇侍《わきじ》とされる場合もある。

◎吉祥天の姿の特徴

宝珠を持つ天女像が一般的。曼荼羅では蓮を手にする例も見られる。

◎吉祥天の真言

「オン　マカシリヤエイ　ソワカ」

▼歓《かん》喜《ぎ》天《てん》

◎象頭人身の夫婦神

別名は聖天《しょうでん》。インド神話によれば、シヴァ神とその妃であるパールヴァティーの息子であり、ガナパティとか、ガネーシャ、ヴィナーヤカなどともよばれる。ガナパティとガネーシャは「集団の主」、ヴィナーヤカとは「障害を取り除く者」という意味であるが、もともと、この神はさまざまな障害・邪魔を引き起こす悪鬼の首領として怖れられていた。しかし「障害の主宰者《しゅさい》」であることから、逆に、祈れば災いを取り除いてもらえる「障害の除去者」とされるようになり、ついには、事業《じぎょう》の発展を祈る神、さらには財運の神、学問の神として、今日のインドで絶大な人気を集めている。

歓喜天のルーツであるインドのガネーシャ神

　頭部が象である象頭人身の姿をしているが、インド神話にはその理由の一つとして次の伝説がある。パールヴァティーが息子ガネーシャに入浴中の見張りをさせていたとき、父のシヴァが帰ってきた。父を知らなかったガネーシャが入室を拒否したところ、シヴァは怒ってガネーシャの首をはねて遠くへ投げてしまった。妻に会ってガネーシャが息子だと知ったシヴァは首を探しに行くが見つからず、代わりに象の首を切り取ってガネーシャの身体につけたのだという。

日本では男女の二神が抱き合う姿の双身《そうじん》歓喜天が歓喜天の姿として一般的であるが、インドではこの形式は見受けられない。

特徴的な供物として大根と、清浄歓喜団《しょうじょうかんぎだん》という菓子が用いられるが、この菓子はインドでモーダカといいガネーシャの好物として知られている。大根もインドの図像規定に持ち物として書かれており、日本の曼荼羅でも図像例が見られる。日本では歓喜天像に油を掛けて拝む特徴的な浴油供《よくゆく》が知られている。

◎歓喜天の姿の特徴

象の頭で六臂の像もあるが、二神が立って抱き合う姿が一般的である。

◎歓喜天の真言

「オン　キリク　ギャク　ウン　ソワカ」

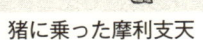

摩《ま》利《り》支《し》天《てん》

◎陽炎《かげろう》の力を持った女神

猪に乗った摩利支天

摩利支はサンスクリット語のマーリーチーの音写。これは光線とか陽炎に縁《ゆかり》のある言葉であり、摩利支天は陽炎が神格化された神である。起源はインドの太陽神であるスーリヤ（日天）、また暁《あかつき》の女神であるウシャスと関係があるという。インドの図像例もスーリヤとよく似ており、スーリヤが七頭立ての馬車に乗るのに対し、マーリーチーは七匹の豚が引く車に乗るとされる。ここから日本でも猪《いのしし》に乗る摩利支天の像例が見られる。

陽炎は常に太陽の前にあって誰もその姿を見ることができないということから、修行者が身を隠すには摩利支天の隠形印《おんぎょういん》を結べばよいとされる。また、武士や忍者の間で、戦場で敵から身を隠し、勝利を得るために摩利支天が大いに信仰された。楠木正成《くすのきまさしげ》は、兜《かぶと》の中に摩利支天の小像を付けていたとされ、毛利元就《もうりもとなり》も旗印《はたじるし》に摩利支天の名号《みょうごう》を記していた。大坂《おおさか》の陣で見事な采配《さいはい》を振った後藤《ごとう》又兵衛《またべえ》は「摩利支天の再来」と讃えられたという。

猪との縁から、亥《い》の日が摩利支天の縁日《えんにち》とされる。

◎摩利支天の姿の特徴

一面二臂、三面六臂、三面八臂像などがあり、二臂像は、天扇《てんせん》と与願印《よがんいん》の穏やかな天女の姿、六臂、八臂像は忿怒形で弓・剣などの武器を持つ。

◎摩利支天の真言

「オン　マリシエイ　ソワカ」

9 本地垂迹・その1

◎本地垂迹《ほんじすいじゃく》とは何か

前項までインドから中国、日本と伝来してきた尊格《そんかく》のなかから密教的な特徴を持つ仏さまを見てきたが、日本独自の密教的尊格も見過ごすことはできない。

六世紀半ばに仏教が日本に伝えられた当初、仏教の尊格は「蕃神《あだしくにのかみ》」とよばれた。「異国から来た神」という意味で、日本の神々と同列の扱いであったといえる。伝来の初期には、仏教を受け入れるべきかどうかについて、蘇我《そが》氏や物部《もののべ》氏などの豪族を巻き込んだ論争（崇仏《すうぶつ》論争）や争いがあったが、やがて聖徳太子《しょうとくたいし》の時代には、「篤《あつ》く三宝《さんぽう》を敬え　三宝とは仏法僧《ぶっぽうそう》なり」（『十七《じゅうしち》条憲法《じょうけんぽう》』）と聖徳太子が記したように、仏教尊崇の機運は高まった。その後、奈良時代になると、全国に国分寺《こくぶんじ》や国分尼寺《こくぶんにじ》が造立《ぞうりゅう》され、日本の社会に広く仏教が溶け込んでいった。

そのような情勢の中、日本の神々は仏教の天部《てんぶ》の神々と同じく、仏教の守護神と見なされるようになる。さらには、仏教の尊格が本来の姿（本地《ほんじ》）を変えて、日本の人々を救うために現れた化身《けしん》（垂迹《すいじゃく》）が日本の神々だという解釈が生まれた。「本地垂迹説」という。この考え方に基づき、「〇〇権現《ごんげん》」という神号《しんごう》が生まれた。「権現」とは「権《かり》（仮）に現《あらわ》れた」という意味で、仏が日本の神の姿をとって仮に現れたものだとしたのである。

那智熊野本地曼荼羅（和歌山・青岸渡寺蔵）

日本古来の神々は仏菩薩《ぶつぼさつ》などと結びつ

けられ、たとえば、伊勢神宮《いせじんぐう》の天照大神《あまてらすおおみかみ》の本地仏《ほんじぶつ》は大日如来《だいにちにょらい》であるとか、熊野本宮《くまのほんぐう》の祭神《さいじん》である家津御子神《けつみこのかみ》の本地は阿弥陀《あみだ》如来、熊野新宮《しんぐう》の熊野速玉男神《はやたまおのかみ》、熊野那智大社《なちたいしゃ》の熊野牟須美神《むすみのかみ》の本地はそれぞれ薬師《やくし》如来、千手観音《せんじゅかんのん》とされた。熊野信仰では、三山《さんざん》（本宮・新宮・那智）の崇拝が本地の尊格信仰と共鳴し合い、仏教的な浄土《じょうど》信仰、観音信仰と合わせて発展していった。三山の主祭神《しゅさいじん》は「熊野三所《さんじょ》権現」とよばれ、熊野本宮大社に祀《まつ》られる他の神々（五所王子《ごしょおうじ》と四所明神《ししょみょうじん》）を合わせて「熊野十二所《じゅうにしょ》権現」という。五所王子および四所明神の祭神である天照大神（若宮《わかみや》）ほかの九神は、たとえば天照大神の本地は十一面《じゅういちめん》観音というように、それぞれに本地仏が定められている。

浄土信仰が盛んになった平安中期以降、熊野三山はそれぞれ、本宮は極楽《ごくらく》浄土（阿弥陀如来）、新宮は浄瑠璃《じょうるり》浄土（薬師如来）、那智は補陀落《ふだらく》浄土（観音菩薩）と見なされ、熊野全体が浄土と考えられるようになった。宇多法皇《うだほうおう》、花山《かざん》法皇に続いて十一世紀末から十三世紀にかけて白河上《しらかわじょう》皇《こう》、鳥羽《とば》上皇、後白河《ごしらかわ》上皇、後鳥羽《ごとば》上皇ほか多くの上皇や女院《にょいん》によって度《たび》重なる熊野御幸《ごこう》が行われたほか、「蟻《あり》の熊野詣《もうで》」とたとえられるほど、おびただしい人々が熊野を参拝したという。

このような神仏習合《しんぶつしゅうごう》信仰は、修験道《しゅげんどう》との関わりが強く、修験道の聖地でもあった日本各地の霊山《れいざん》には〇〇権現というかたちで日本独自の密教尊格の信仰が息づいている。全国的に数多くの信仰が見られるが、その中からいくつか取り上げてみたい。なお、本地となる仏教の尊格は、必ずしも一つとは限らない。

▼金《こん》毘《ぴ》羅《ら》権《ごん》現《げん》（金比羅権現とも）

◎ガンジス川のワニが起源

香川県琴平町《ことひらちょう》の象頭山《ぞうずさん》、金刀比羅宮《ことひらぐう》に祀られる神。他の権現とは異なり、金毘羅権現はインドの神に起源をもつ。金毘羅（金比羅）はサンスクリット語のクンビーラの音写《おんしゃ》で、ガンジス川に住むワニをいう。これが神格化されて水神となり、仏教に取り入れられて守護神となった。宮《く》毘羅《びら》とも表され、薬師如来の十二神将《じゅうにしんしょう》のうちに宮毘羅大将《だいしょう》として登場している。

金刀比羅宮の祭神は大物主神《おおものぬしのかみ》だが、明治初期の廃仏毀釈《はいぶつきしゃく》を受けるまで、象頭山には松尾寺《まつおでら》という真言宗《しんごんしゅう》寺院があり、金毘羅権現はこの寺の鎮守《ちんじゅ》として祀られていた。水神であることから

金毘羅権現

海上交通の守護神として大いに信仰され、さらには農耕神、火難疫病除《かなんえきびょうよ》けの信仰も加わり、江戸時代からは金毘羅参り（金比羅参り）が流行した。幕末の「森《もり》の石松《いしまつ》金比羅代参《だいさん》」の話はよく知られ、また「こんぴら狗《いぬ》」と言って、飼い犬に賽銭《さいせん》やえさ代を入れた袋を付け、旅人に連れられて代参させたこともあったという。

◎金毘羅権現の本地の仏

不動明王《ふどうみょうおう》、毘沙門天《びしゃもんてん》、十一面観音

◎金毘羅権現の姿の特徴

髪を逆立てた武将の姿で、手には剣、斧《おの》、宝珠などを持つ。

◎金毘羅権現の真言

「オン　クビラヤ　ソワカ」

▼秋葉権現《あきばごんげん》

◎実在した修験者《しゅげんじゃ》だった権現

　秋葉権現は火防《ひぶせ》の神として知られる。正式には「秋葉三尺坊大権現《あきばさんじゃくぼうだいごんげん》」といい、もとは九世紀初め頃の修験者で、越後古志郡楡原《えちごこしぐんにれはら》（新潟県栃尾《とちお》市）の蔵王権現《ざおうごんげん》十二坊のひとつ「三尺坊」の住職であった。不動明王の行《ぎょう》を修することにより、観音三十三変化身《へんげしん》のひとつである迦楼羅身《かるらしん》（霊鳥ガルダ　煩悩《ぼんのう》を食い尽くすという）が現れ、自らもその姿となり、飛行自在の神通力《じんづうりき》を得た。白狐《びゃっこ》の背に乗って空を飛び、駿河《するが》の秋葉山《あきばさん》（浜松市天竜区春野町）に降り立ち「秋葉権現」とよばれるよ

秋葉権現

うになったという。

貞享《じょうきょう》二年（一六八五）の祭礼《さいれい》では、秋葉権現の神輿《みこし》を担《かつ》いだ大勢の信者たちが京都や江戸に向かい、火災除けの神としての信仰は各地に広がった。あちこちで秋葉山に参詣《さんけい》するための「秋葉講《こう》」が作られ、全国各地に秋葉権現の分《ぶん》社《しゃ》が勧請《かんじょう》された。東京の秋葉原《あきはばら》という地名も秋葉権現に由来している。

秋葉権現信仰は、秋葉神社と秋葉寺《しゅうようじ》を中心とした神仏習合の形態であったが、明治初期に秋葉寺に祀られていた秋葉権現像は、袋井《ふくろい》市の曹洞宗《そうとうしゅう》寺院「可睡斎《かすいさい》」へ移った。

◎秋葉権現の本地の仏

観音菩薩、不動明王

◎秋葉権現の姿の特徴

天狗《てんぐ》のように鼻を突き出し、迦楼羅のように背中に翼があり、右手に剣、左手に索《さく》を持ち、火炎を背にして白狐の上に立つ。

◎秋葉権現の真言

「オン　ヒラヒラケン　ヒラケンノウ　ソワカ」

▼飯《い》縄《づな》権《ごん》現《げん》（飯綱権現とも）

◎忍者も使った「飯縄法」の本尊

長野県北部に飯縄山《いいづなやま》（飯綱山）という修験道の霊山があり、飯縄権現の信仰はここで生まれた。

三世紀頃に、日本神話で天地開闢《かいびゃく》時代の神々のひとりとして知られる大戸之道尊《おおとのじのみこと》を祀ったことが起源で、飯縄明神《いづなみょうじん》（飯綱明神）ともよばれる。

八四八年に学問行者《がくもんぎょうじゃ》という修行者が飯縄山で飯縄明神の姿を拝み、四百年ほど後、萩野城主《はぎのじょうしゅ》の伊藤豊前守忠縄《いとうぶぜんのかみただつな》が飯縄山頂に飯縄権現を祀った。そして修行の結果、神通力を身につけたという。忠縄の子、次郎太夫盛縄《じろうたゆうもりつな》も山に入って修行し、「飯縄法」という妖術を編み出して「千日《せんにち》太夫《だゆう》」と名乗った。以降、後継者たちも「千日太夫」名を世襲《せしゅう》していった。「飯縄法」とは「管《くだ》狐《ぎつね》」とか「イヅナ」とよばれる小さな霊狐《れいこ》を使う術で、管狐を常に懐中《かいちゅう》の竹筒《たけづつ》で飼い、管狐の霊能力を用いて他人に取《と》り憑《つ》かせたり、予言させたりするという。「飯縄法」とその行者は「飯縄使い」とよばれ、怖れられた。

飯縄権現は、戦国時代に足利義満《あしかがよしみつ》、上杉謙信《うえすぎけんしん》、武田信玄《たけだしんげん》など武将の間で「戦勝《せんしょう》の神」として篤く信仰され、飯縄法を使う忍者もいたという。

秋葉権現とともに飯縄権現も天狗とされ、「飯綱三郎天狗《いづなさぶろうてんぐ》」という別名もある。

◎飯縄権現の本地の仏

荼吉尼天《だきにてん》、大日如来、地蔵菩薩、不動明王

飯縄権現（東京・高尾山薬王院の御影）

◎飯縄権現の姿の特徴

烏のようなくちばしを持ち、翼をつけた天狗形《ぎょう》（烏《からす》天狗）。剣と索を持ち、白狐に乗る。

◎飯縄権現の真言

「オン　チラチラヤ　ソワカ」

▼蔵《ざ》王《おう》権《ごん》現《げん》

◎役行者《えんのぎょうじゃ》が感得《かんとく》した修験道の本尊

蔵王権現は、金剛《こんごう》蔵王権現、金剛蔵王菩薩ともよばれる。修験道の開祖である役小角《えんのおづぬ》（役行者）が奈良県吉野《よしの》の金峯山《きんぷせん》で修行していたときに感得したと伝えられる尊格で、金峯山寺蔵王堂《きんぷせんじざおうどう》の本尊であり、修験道の本尊である。明王像に似ているが、明王と異なり、日本独自の尊格である。

役行者が金峯山で衆生《しゅじょう》を救うためにふさわしい仏さまの出現を祈念していたところ、最初、弁才天《べんざいてん》や地蔵菩薩などの穏やかな尊格が現れた。しかし、魔物を打ち負かすもっと荒々しい尊《そん》をと、なお祈願すると、すさまじい雷が鳴り響くなか、山頂の岩から蔵王権現が現れたという。

蔵王権現（奈良・如意輪寺蔵）

また別に、釈迦《しゃか》如来、千手観音、弥勒《みろく》菩薩が現れたのち、四度目に蔵王権現が出現したという伝承もある。釈迦如来は過去、千手観音は現在、弥勒菩薩は未来を象徴しており、この三尊を本地とする蔵王権現は、過去・現在・未来にわたって衆生の救済をするとされた。金峯山寺蔵王堂には、釈迦・千手・弥勒をそれぞれ本地とする三体の巨大な蔵王権現像がまつられている。また、金剛蔵王という名称は、金剛界曼荼羅《こんごうかいまんだら》と胎蔵界《たいぞうかい》曼荼羅のすべての仏さまを統《す》べるという意味があるともされる。

◎蔵王権現の本地の仏

釈迦如来、千手観音、弥勒菩薩

◎蔵王権現の姿の特徴

右手は高く上げて三股杵《さんこしょ》（三鈷杵《こ》）を握り、左手は腰に当て刀印《とういん》。右足を持ち上げ、髪を逆立てた忿怒《ふんぬ》の姿をしている。

◎蔵王権現の真言

「オン　バギリュウ　ソワカ」
「オン　バサラクシャ　アランジャ　ウン　ソワカ」

愛宕権現《あたごごんげん》

◎強力な火除けの神

愛宕権現の本地である勝軍地蔵
（埼玉・徳雲寺蔵）

愛宕権現は京都市市街の北西にそびえる愛宕山《あたごやま》を起源とする尊格である。愛宕山は古くから天狗が住むとされてきたが、大宝《たいほう》年間（七〇一～七〇四）に役小角と雲遍《うんぺん》（後に白山《はくさん》を開山《かいざん》した泰澄《たいちょう》）が登ったときに、大杉の上に、インドや中国の大天狗とともに愛宕山太郎坊《たろうぼう》という有力な天狗が現れ、二千年も前からこの山に住み、衆生を助けてきたと語って姿を消した。そこで雲遍は山頂の朝日峰《あさひみね》に神廟《しんびょう》を建てたという。

その後七八一年、和気清麻呂《わけのきよまろ》と慶俊《けいしゅん》によって、愛宕権現を祀る朝日峰の白雲寺《はくうんじ》や、高雄山神護寺《たかおさんじんごじ》などの愛宕五坊が建立《こんりゅう》された。白雲寺の本尊愛宕権現の本地仏は勝軍地蔵《しょうぐんじぞう》であるため、愛宕権現は軍神として信仰をあつめた。明智光秀《あけちみつひで》も本能寺《ほんのうじ》の織田信長《おだのぶなが》を攻める前に愛宕権現に参拝したと伝えられる。白雲寺は明治時代の廃仏毀釈により廃され愛宕神社となったが、それ以前の神仏習合の時代から祀られている軻遇突智神《かぐつちのかみ》は「火の神」であるところから、愛宕権現は秋葉権現と同じく火除けの神として信仰を集めることとなり、愛宕権現の分社は全国に広がりを見せた。京都市内の家々には愛宕神社の火伏《ひぶせ》（火防）札《ふだ》がよく貼られている。

◎愛宕権現の本地の仏

勝軍地蔵

◎愛宕権現の姿の特徴

勝軍地蔵は通常の地蔵菩薩とは異なり、甲冑《かっちゅう》を着け馬に乗るなどの姿をとる。

◎愛宕権現の真言

「オン　カカカソタド　ソワカ」

▼白山権現《はくさんごんげん》

◎イザナミの化身の龍神

愛宕権現を開いた泰澄が、七一七年に白山（石川県と岐阜県境にそびえる霊山）に登り瞑想していたところ、緑碧池《りょくへきいけ》（翠ケ池《みどりがいけ》）から九頭龍王《くずりゅうおう》が現れ、自らをイザナミの尊《みこと》の化身である「白山明《はくさんみょう》神《じん》・妙理大菩薩《みょうりだいぼさつ》（白山妙理大権現《はくさんみょうりだいごんげん》）」であると名乗った。そこで泰澄は山頂に白山妙理大権現を祀る社《やしろ》を築き、ふもとに平泉寺《へいせんじ》を建立した。

その後、白山は修験道の白山妙理大権現霊場として発展し、全国に白山信仰が広がった。白山

白山権現の本地である十一面観音

山系の南から流れ日本海に注《そそ》ぐ九頭竜川の名称の由来について、八八九年に平泉寺の白山権現（白山妙理大権現）が姿を現し、その尊像を川に浮かべたところ、九つの頭をつけた龍が出現し尊像《そんぞう》を捧げて川を下り黒龍大明神社《こくりゅうだいみょうじんしゃ》の対岸に流れ着いた伝説が残るが、白山は恵みをもたらす「水神」の信仰でもある。

明治の廃仏毀釈により平泉寺は平泉寺白山神社という神社となり、白山信仰の別の中心であった白山寺白山本宮も廃され白山比咩《ひめ》神社となった。

◎白山権現の本地の仏

十一面観音

◎白山権現の姿の特徴

右手に剣、左手に宝珠を持ち、背後から龍がかぶさる。

◎白山権現の真言

「オン　マカキャロニキャ　ソワカ」

▼出《で》羽《わ》三《さん》山《ざん》権《ごん》現《げん》

◎東北の地を守護する権現

山形県の月山《がっさん》、羽黒山《はぐろさん》、湯殿山《ゆどのさん》は合わせて出羽三山とよばれ、修験道を中心とした山岳信仰の霊地である。

出羽三山権現
（出羽三山神社歴史博物館蔵）

月山の祭神《さいじん》である月山権現の本地は阿弥陀如来、羽黒山の祭神羽黒権現の本地は聖観音《しょうかんのん》菩薩《ぼさつ》、湯殿山の祭神湯殿山権現の本地は大日《だいにち》如来とされ、飛鳥《あすか》時代に崇峻《すしゅん》天皇《てんのう》（五五三？～五九二）の皇子、蜂子《はちこ》皇子《おうじ》によって開山されたと伝えられる。

今は、月山神社、出羽《いでは》神社（羽黒山）、湯殿山神社として祀られるが、廃仏毀釈を受けるまでは神仏習合《しんぶつしゅうごう》の姿をとり、それぞれに真言宗《しんごんしゅう》や天台宗《てんだいしゅう》の寺院が存在していた。現在も羽黒山には修験道の本山があり、三山ともに修験道の聖地として信仰をあつめている。湯殿山は即身《そくしん》仏《ぶつ》（ミイラ）信仰でも知られる。

◎出羽三山権現の本地の仏

月山＝阿弥陀如来、羽黒山＝聖観音、湯殿山＝大日如来

◎出羽三山権現の姿の特徴

本地の三仏の姿がそのまま用いられることが多い。

◎出羽三山権現の真言

月山「**オン　アミリタ　テイセイカラ　ウン**」
羽黒山「**オン　アロリキャ　ソワカ**」
湯殿山「**オン　アビラウンケン　バザラダトバン**」

10 本地垂迹・その2

前項で見たように、本地垂迹《ほんじすいじゃく》思想によって生まれた権現という尊格《そんかく》は、山岳信仰や修験道の関わりが強い。真言宗や天台宗の密教が日本独自の宗教と習合して、独特の宗教形態を生み出したといえる。

一方、権現と同じく本地垂迹思想によって生まれたものの、権現とは異なり山岳信仰とあまり関わりを持たない尊格も見られる。

本項ではそのような、本地垂迹思想によって生まれたが権現とは異なる尊格を紹介したい。

▼三宝荒神《さんぼうこうじん》

◎仏法僧《ぶっぽうそう》の三宝を守る荒ぶる神

三宝荒神（山形・正善院蔵）

荒神には、屋内において「火の神」「かまどの神」として祀られる「三宝荒神」と、屋外で屋敷神や親類一統の神（同族神）、地域の神などとして祀られる「地《じ》荒神」とがあるが、ここでは「三宝荒神」を取り上げたい。

昔、役行者《えんのぎょうじゃ》が山中で修行をしていると、赤い雲が幢《はた》のようになびいているのが見えた。雲の下へ行ってみると、六本の腕を持つ神がいた。そして役行者に「我はこれ三宝衛護の神にして、世に呼んで荒神という。われつねに浄信修善《じょうしんしゅぜん》の者を助けて、不信放逸の者を罰す。ゆえに世人は荒乱神といえり」と告げた。荒ぶる神だが、名前の通り仏法僧《ぶっぽうそう》の三宝を守り、善い行いをし信心深い者は助けてくれるというのである。

東大寺《とうだいじ》大仏殿《だいぶつでん》建立《こんりゅう》時に聖武《しょうむ》天皇に荒神を祀るようお告げがあり、良弁《ろうべん》に命じて祈願祭祀《きがんさいし》したところすみやかに造営が進んだ話が残っている。

不浄を嫌う神で、火で清められるかまどは最も清浄な場所であるところから、広く一般家庭でも台所に祀られるようになったという。

◎三宝荒神の本地の仏

文殊菩薩《もんじゅぼさつ》、不動明王《ふどうみょうおう》、大日如来《だいにちにょらい》

◎三宝荒神の姿の特徴

六臂《ろっぴ》（腕が六本ある）であり、右の三手には金剛杵《こんごうしょ》・蓮華《れんげ》・宝塔《ほうとう》、左の三手には金剛鈴《れい》・宝珠《ほうしゅ》・

羯磨《かつま》金剛杵を持つ。

◎三宝荒神の真言

「オン　ケンバヤ　ケンバヤ　ソワカ」

▼牛《ご》頭《ず》天《てん》王《のう》

◎疫病《えきびょう》を退治する薬師《やくし》如来の化身の神

牛頭天王は、インド仏教の聖地である祇園精舎《ぎおんしょうじゃ》の守護神であるところから「祇園牛頭天王」とも呼ばれる。

伝説によれば、牛頭天王は七歳にして身長が七尺五寸あり、三尺もある牛頭を着け、三尺の赤い角《つの》があった。妃を迎えることになったが、怪異な姿になかなか相手がいない。あるとき狩りに

牛頭天王

出たところ人間の言葉を解《かい》する山鳩が現れ、大海に住む沙竭羅《さから》龍王《りゅうおう》に娘があり、娶《めと》るべく案内するという。娘の所へ行く旅の途中で巨旦《こたん》将来《しょうらい》と蘇民《そみん》将来《しょうらい》という兄弟に出会った。長者《ちょうじゃ》である弟の巨旦将来に一夜の宿を願ったところ冷たく断られた。そこで貧しい兄の蘇民将来に頼んだところ、蘇民将来は快く引き受け精一杯のもてなしをしてくれた。

感激した天王は蘇民に願い事が叶う玉《たま》（牛玉《ごおう》）を授け、妻を娶って帰る途中で、巨旦将来の一族を滅ぼした。逆に、蘇民将来の一族には茅《ち》の輪《わ》を作って身に着け、「蘇民将来の子孫」と記した護符《ごふ》を持てば末永く疫病や災難を逃れることができると教えた。

今でも日本各地の寺社で、正月などに「蘇民将来子孫門」とか「蘇民将来子孫也」と書かれた護符が頒布《はんぷ》されている。また、主に夏期の厄払《やくばら》いとして知られる「茅の輪くぐり」の習俗も牛頭天王の伝説に由来するという。

牛頭天王はスサノオノミコトと同一とも考えられており、京都祇園の八坂《やさか》神社の祭神はスサノオノミコト（江戸時代末までは牛頭天王）である。祇園祭は、厄除けの神であるスサノオノミコト（牛頭天王）の神輿渡御《みこしとぎょ》により疫病災厄《えきびょうさいやく》を払う意味がある。なお、八坂神社自体もかつては祇園感神院《かんしんいん》と呼ばれる天台宗寺院であった。

◎牛頭天王の本地の仏

薬師如来

◎牛頭天王の姿の特徴

二臂《ひ》、四臂などの忿怒形《ふんぬぎょう》で、頭頂に牛頭を付ける。

◎牛頭天王の真言

「オン　コロコロ　センダリ　マトウギ　ソワカ」

青面金剛《しょうめんこんごう》（庚申《こうしん》）

◎庚申信仰の本尊

青面金剛（四臂像）

庚申とは干支《えと》の組み合わせの一つで「かのえさる」をいう。甲子《きのえね》から癸亥《みずのとい》まで干支は毎日変わり、同じ干支は六十日に一回出現するため、庚申の日は年間に六回あることになる。

中国の道教《どうきょう》によれば、人の身体の中には三尸虫《さんしちゅう》という虫がおり、絶えず人間の行為を見張っていて、庚申の夜には眠った人間の身体を抜け出し天帝《てんてい》のもとへ行き、その人の悪い行いを告げて寿命を縮めさせるとか、死後に地獄など苦しい世界へ落とすと考えられた。そこで、庚申の夜には、「守庚申《しゅこうしん》」といって眠らずに過ごす風習があった。これが日本へ伝わって、平安時代には貴族社会で、さらに鎌倉から室町時代には武家社会へも広がった。やがて一般民衆にも「庚申待《こうしんまち》」という行事として伝わったが、その際、元は酒食《しゅしょく》や遊興《ゆうきょう》で夜を過ごしていたのが仏教と結びつき、特定の尊格を本尊として勤行《ごんぎょう》を行うようになった。そこで本尊とされたのが青面金剛や帝釈天《たいしゃくてん》である。

　青面金剛は『陀羅尼集経《だらにじっきょう》』に説かれる鬼神の一人で、病気を癒《い》やしたり災難を除く功徳《くどく》を持ち、明王像とよく似た姿をとる。神仏習合の神ではなく仏教由来の尊格であるが、庚申信仰との結びつきが強く、庚申以外で信仰されることはほとんどない。

庚申塔の一種。庚申の本地である青面金剛（六臂像）が、三猿などと共に彫られている。

しばしば「庚申待」の行事を行った記念として石造の庚申塔が作られることが多く、青面金剛の像が彫られるほか、「見ざる、言わざる、聞かざる」のポーズを取った三匹の猿（一説では、庚申の申に由来し、三尸虫が人間の悪行を見聞きせず、天帝に言わないようにとの意味を持つとされる）や、日月、鬼神、鶏（魔除けとも言われる）が描かれる。

◎青面金剛の本地の仏

青面金剛自体が「庚申の本地」と位置づけられる。

◎青面金剛の姿の特徴

経典では一面四臂で三叉戟《さんさげき》、棒、輪、索《さく》を持ち、身に蛇を着け、髪は逆立ち怒りの表情を現す姿が説かれるが、庚申塔に彫られるのは六臂像が多く、同じく弓矢や剣などの武器を持ち、三猿の上に立つ。

◎青面金剛の真言

「オン　デイバヤキシャ　バンダ　ア　ソワカ」

「オン　コウシンデイ　コウシンデイ　マイタリ　マイタリ　ソワカ」

▼八《はち》幡《まん》神《しん》

◎出家して僧侶になった神

八幡神は日本全国にお祀りされ親しまれている神さまだが、仏教との関わりが強く、「八幡大《はちまんだい》菩薩《ぼさつ》」とも呼ばれる。もともと現在の大分県宇佐市の宇佐神宮《うさじんぐう》の祭神であり、そのルーツは渡来系の神であるとされる。第十五代応神《おうじん》天皇（誉田別命《ほんだわけのみこと》）の神霊であるともいう。

宇佐神宮の境内《けいだい》にはかつて弥勒寺《みろくじ》という寺もあり、八幡神には早くから神仏習合の歴史が見られる。東大寺の大仏を建造中に、八幡神から「自ら天地の神々を率いて協力し、必ず成就《じょうじゅ》させよう」という託宣《たくせん》があり、無事に完成を見たことや、弓削道鏡《ゆげのどうきょう》を皇位《こうい》につけようとした策謀《さくぼう》に対して、宇佐神宮の八幡神がそれに反対する託宣を出し皇位の正統性を守ったことなどにより

僧形八幡神（大分・奈多宮蔵）

朝廷《ちょうてい》から「八幡大菩薩」という称号が贈られた。

東大寺建立時に、宇佐から勧請《かんじょう》されて東大寺の鎮守である「手向山八幡宮《たむけやまはちまんぐう》」に祀られるなど仏法守護の神として、また、平安時代の初めに京都の鎮守として「石清水《いわしみず》八幡宮」が造営されるなど鎮護《ちんご》国家の神として知られる。

さらに、平安末期からは源氏や平家など武家《ぶけ》の間で信仰が広がり、源頼朝が鎌倉に八幡神を勧請して鶴岡《つるがおか》八幡宮を建立したのをはじめ、守護神として全国に祀られることとなった。

仏教との関係では、「八幡大菩薩」と呼ばれたことから、地蔵菩薩のように袈裟《けさ》を着け、剃髪《ていはつ》した僧形《そうぎょう》で錫杖《しゃくじょう》を持つ姿の「僧形八幡神」像が祀られるようになった。

弘法大師《こうぼうだいし》空海《くうかい》と八幡神との関係も深く、空海は真言宗の拠点とした東寺《とうじ》に鎮守八幡宮を祀った。

また、京都の乙訓寺《おとくにでら》の別当《べっとう》として赴《おもむ》いたおりに八幡神の像を彫刻しようとしたところ、老翁《ろうおう》の姿をした八幡神が現れ、八幡神は空海の首から下を作り、空海が八幡神の頭部を作って合体するよう命じたという。その通りにしたところ、頭部と胴体はぴたりと一致したといい、現在も「合体《がったい》大師《だいし》」像（秘仏）として祀られている。

◎八幡神の本地の仏

阿弥陀《あみだ》如来

◎八幡神の姿の特徴

僧形八幡神は、剃髪し袈裟を着け、錫杖を持つ。

◎八幡神の真言

「オン　アミリタ　テイセイカラ　ウン」

11 集合尊

◎集合尊《しゅうごうそん》とは

五大明王《ごだいみょうおう》や両界曼荼羅《りょうかいまんだら》は別として、前項までは主に単独で祀《まつ》られる尊格《そんかく》を見てきたが、本項ではグループとして信仰される尊格群《ぐん》＝集合尊をテーマとしたい。

ここで取り上げる集合尊は大きく分けて二種類あり、一つは「眷属尊《けんぞくそん》」と呼ばれるもので、薬《や》師《し》如来《にょらい》や不動《ふどう》明王など主となる仏さまの配下として主尊の働きをサポートしたり、信者を守護する役割を持っている。
もう一つは「星（天体）の尊格」で、人間の運勢を支配するとされている。
眷属尊も星の尊格も、密教の加持祈祷《かじきとう》では、非常に重要視されるものである。

▼薬《や》師《く》十《し》二《じゅうに》神将《しんしょう》

◎薬師如来信者の願いを叶える武神たち

まずはじめに、よく知られている眷属尊である、「薬師十二神将」を取り上げる。

薬師如来は、その浄土である東方の浄瑠璃世界《じょうるりせかい》に日光菩薩《にっこうぼさつ》・月光《がっこう》菩薩という脇侍《わきじ》とともに、
①宮毘羅大将《くびらだいしょう》／②伐折羅《ばさら》大将／③迷企羅《めきら》大将／④安底羅《あんちら》大将／⑤頞儞羅《あにら》大将／⑥珊底羅《さんちら》大将／⑦因達羅《いんだら》大将／⑧波夷羅《はいら》大将／⑨摩虎羅《まこら》大将／⑩真達羅《しんだら》大将／⑪招杜羅《しょうとら》大将／⑫毘羯《びか》

羅《ら》大将

という名前の十二神将を眷属として住まいするとされる。筆頭の宮毘羅大将は、本書・第一部「本地垂迹《ほんじすいじゃく》・その1」の項で取り上げたように、日本では単独で金毘羅権現《こんぴらごんげん》として祀られた。

『薬師如来本願功徳経《ほんがんくどくきょう》』には、十二神将の誓願《せいがん》として、「薬師如来を信仰し真心《まごころ》から供養《くよう》する者があれば、その人を守護し苦難から解き放《と》ち、あらゆる願いを叶えよう」という言葉が説かれている。十二神将はそれぞれ七千の薬叉《やくしゃ》（守護神）を従えるといい、十二神将とともに八万四千の薬叉が信者を守るということになる。

十二という数は『薬師如来本願功徳経』に説かれる薬師如来の十二大願《だいがん》に基づいているものだが、十二支とか十二ヶ月、十二時など時間の観念とも結びついて、十二神将は、しばしば年や月、時間に配当される。ことに十二支との関連では、宮毘羅大将から毘羯羅大将まで順に亥《い》神・戌《いぬ》神・酉《とり》神・申《さる》神・未《ひつじ》神・午《うま》神・巳《み》神・辰《たつ》神・卯《う》神・寅《とら》神・丑《うし》神・子《ね》神とされ、それぞれの生まれ年の守護神とされている。

ただし十二神将と十二支の対応関係には異説も多く、次ページに掲載した『覚禅鈔《かくぜんしょう》』のそれは前述の説と逆の順序となっており、宮毘羅大将から毘羯羅大将までを子神・丑神・寅神・卯神・

薬師十二神将（『覚禅鈔』より）。
※十二神将と十二支の対応関係は、逆の順序になることもある。

①宮毘羅大将（子神）

⑤頞儞羅大将（辰神）

⑨摩虎羅大将（申神）

②伐折羅大将（丑神）

⑥珊底羅大将（巳神）

⑩真達羅大将（酉神）

③迷企羅大将（寅神）

⑦因達羅大将（午神）

⑪招杜羅大将（戌神）

④安底羅大将（卯神）

⑧波夷羅大将（未神）

⑫毘羯羅大将（亥神）

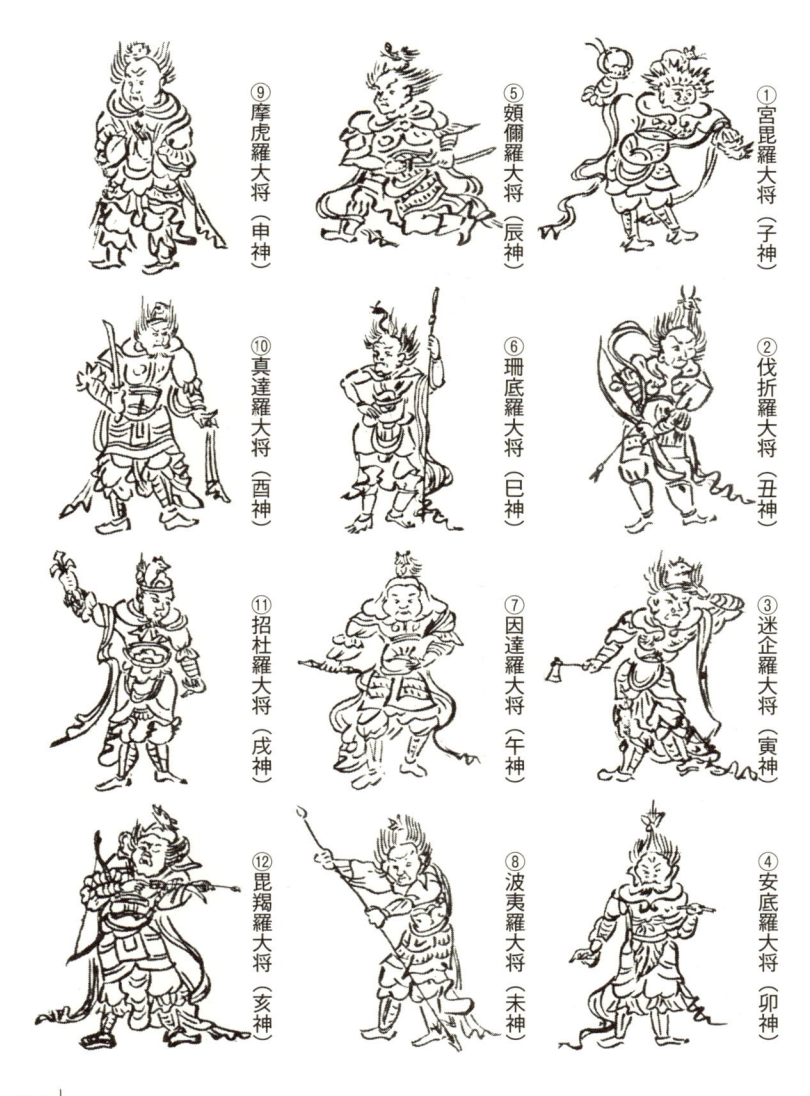

十二神将の⑦因達羅大将（滋賀・西明寺蔵）。午年の神であるため、頭に午（馬）の冠をかぶっている。

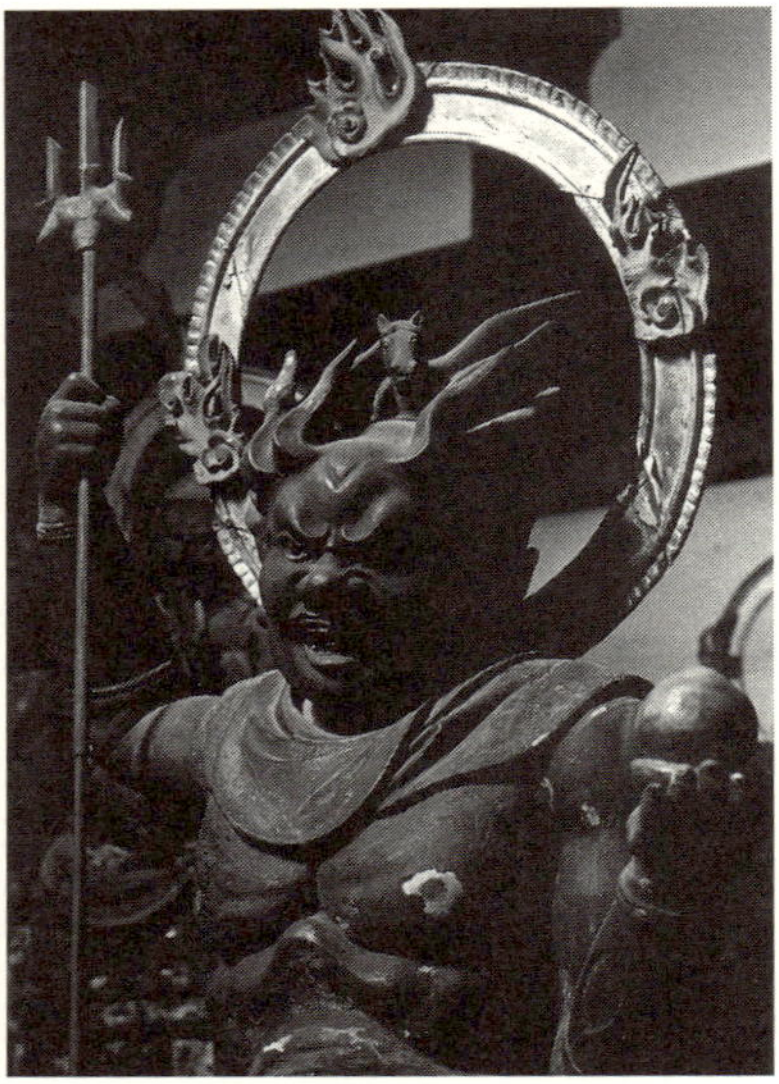

辰神・巳神・午神・未神・申神・酉神・戌神・亥神の順で配当している。

いずれにせよ十二神将像の頭には、鼠《ねずみ》、牛、虎など十二支の動物を付けた冠をかぶる例がよく見られる。

経典には姿の特徴として、「宮毘羅大将は黄色の身体で金剛杵《こんごうしょ》を持つ」などと説かれるが、実際の作例は必ずしもこの通りではない。ただ、常に忿怒《ふんぬ》の形相《ぎょうそう》で武器を持つ武神形で表現される。

なお、徳川家康は薬師如来とのつながりが強い。生母の於大《おだい》の方は長年子供に恵まれなかったため、鳳来寺《ほうらいじ》（愛知県新城市）の薬師如来に参籠《さんろう》し願を掛け家康を授かったという。家康は、寅年の天文《てんもん》十一年（一五四二）、寅の月、寅の日、寅の刻《こく》に誕生したということから、寅神である真達羅大将の化身とする伝承がある。家康は死後に東照大権現《とうしょうだいごんげん》という神号《しんごう》で祀られたが、薬師如来は東方の仏さまであり、家康が薬師如来と結び付けられて神格化されたことがわかる。

不動明王の眷属の童子《どうじ》たち

◎不動明王信者のために働く童神たち

不動明王の眷属は童子と呼ばれる。不動明王自身も、その図像的特徴を示した『不動尊道場《ふどうそんどうじょう》観《かん》』（淳祐《しゅんにゅう》）などに、「童子の姿で現れる」と説かれる。インドには童子の姿をとったクマーラとかクリシュナなどの有力な神があり、童子の中に「聖なるもの」を見る伝統があるが、不動明王の童子性もこれを受け継いだものかもしれない。

また、不動明王のことを「不動使者《ししゃ》」とか「不動如来使《にょらいし》」と呼ぶ経典もあるように、不動明王は大日《だいにち》如来の使者として衆生《しゅじょう》を導くとされる。このような大日如来と不動明王との関係から発展したものか、不動明王にも多くの眷属が存在する。

不動明王の脇侍として最もよく見られるのが、矜羯羅《こんがら》と制吒迦《せいたか》の二童子である。向かって右側の矜羯羅童子は、白い身体で合掌《がっしょう》するか蓮華を持つ。左側の制吒迦童子は、赤い身体で棍棒《こんぼう》を

不動明王の眷属・八大童子

たずさえている。顔つきは荒々しい。矜羯羅と制吒迦という言葉はサンスクリット語の音写《おんしゃ》で、どちらも「召使い」の意味を表す。不動明王を説く経典には、「(不動明王は)身は奴僕《ぬぼく》のごとく、行者《ぎょうじゃ》に仕《つか》える」という意味の経文がある。「奴僕三昧《ざんまい》」といって、不動明王の特徴のひとつである。大慈悲によって、まるで召使いのように不動明王の信者・行者のために働き、守ってくれるというのである。矜羯羅と制吒迦の二童子は、不動明王の「奴僕三昧」を分身的に発展させたものといえるだろう。
不動明王の眷属は、この二童子を中心としてさらに広がり、

①恵光《えこう》／②恵喜《えき》／③阿耨達《あのくた》／④指徳《しとく》／⑤烏倶婆誐《うぐばが》／⑥清浄比丘《しょうじょうびく》／⑦矜羯羅／⑧制吒迦

の八大童子や、

①矜迦羅《こんがら》（矜羯羅と同じ）／②制吒迦／③不動恵《ふどうえ》／④光網勝《こうもうしょう》／⑤無垢光《むくこう》／⑥計子爾《けいしに》／⑦智恵幢《ちえどう》／⑧質多羅《しったら》／⑨召請光《ちょうしょうこう》／⑩不思議《ふしぎ》／⑪羅多羅《らたら》／⑫波羅波羅《はらはら》／⑬伊醯羅《いけいら》／⑭師子光《ししこう》／⑮師子慧《ししえ》／⑯阿婆羅底《あばらち》／⑰持堅婆《じけんば》／⑱利車毘《りしゃび》／⑲法挾護《ほうきょうご》／⑳因陀羅《いんだら》／㉑大光明《だいこうみょう》／㉒小光明《しょうこうみょう》／㉓仏守護《ぶつしゅご》／㉔法守護《ほうしゅご》／㉕僧守護《そうしゅご》／㉖金剛護《こんごうご》／㉗虚空護《こくうご》／㉘虚空蔵《こくうぞう》／㉙宝蔵護《ほうぞうご》／㉚吉祥妙《きっしょうみょう》／㉛戒光慧《かいこうえ》／㉜妙空蔵《みょうくうぞう》／㉝普香王《ふこうおう》／㉞善儞師《ぜんにし》／㉟波利迦《はりか》／㊱烏婆計《うばけい》

の三十六童子を数える。

『聖不動経《しょうふどうきょう》』では、三十六童子にまたそれぞれ千万億の眷属が付属し、修行者や信者が三十

六童子の御名を唱えることにより、悪鬼などの災難から守られると説かれる。

このほかの不動明王の眷属として「四十八使者」を説く経典もあるが、四十八使者はあまり知られていない。

▼観《かん》音《のん》二《に》十《じゅう》八《はち》部《ぶ》衆《しゅう》

◎観音信者を守護する神々

観音二十八部衆とは千手《せんじゅ》観音の眷属であり、観音の信者を守護する次の二十八の神々をいう。

①密迹金剛力士《みっしゃくこんごうりきし》（密遮《みっしゃ》金剛）／②那羅延堅固王《ならえんけんごおう》／③東方天《とうほうてん》／④毘楼勒叉天《びるろくしゃ》／⑤毘楼博叉天《びるばくしゃ》／⑥毘沙門天／⑦梵天／⑧帝釈天／⑨毘婆迦羅王《ひばから》／⑩五部浄居天《ごぶじょうご》（五部浄居炎摩羅《えんまら》）／⑪沙羯《しゃが》羅《ら》王／⑫阿修羅《あしゅら》王／⑬乾闥婆《けんだつば》王／⑭迦楼羅《かるら》王／⑮緊那羅《きんなら》王／⑯摩睺羅《まごら》王／⑰金《こん》大王（宝賢夜《ほうけんや》

叉《しゃ》）／⑱満仙《まんせん》王（満賢《まんけん》夜叉）／⑲金毘羅《こんぴら》王／⑳満善車《まんぜんしゃ》王（満善車鉢真陀羅《はっしんだら》）／㉑金色孔雀《こんじきくじゃく》王／㉒大弁功徳《だいべんくどく》天／㉓神母《じんも》天／㉔散脂《さんし》大将（散脂夜叉）／㉕難陀《なんだ》龍王／㉖摩醯首羅《まけいしゅら》王／㉗婆藪仙《ばすせん》人《にん》／㉘摩和羅女《まわらにょ》

このうち、①密迹金剛力士と②那羅延堅固王は寺院の門などに安置される仁王《におう》のこと。③東方天（持国天）、④毘楼勒叉天（増長天）、⑤毘楼博叉天（広目天）、⑥毘沙門天（多聞天）は四天王。⑪沙羯羅王と㉕難陀龍王は八大龍王《はちだいりゅうおう》の二神。⑫阿修羅王、⑬乾闥婆王、⑭迦楼羅王、⑮緊那羅王、⑯摩睺羅王は、仏教の守護神である天龍八部衆《てんりゅうはちぶしゅう》のうちの五部。⑰金大王（宝賢夜叉）、⑱満仙王（満賢夜叉）、㉔散脂大将（散脂夜叉）は、毘沙門天眷属の夜叉神。⑦梵天、⑧帝釈天、⑩五部浄居天、㉖摩醯首羅王（大自在天《だいじざいてん》）は天の神々で、天龍八部衆はすべて二十八部

観音二十八部衆の㉖摩醯首羅王（＝大自在天、シヴァ神）

衆に含まれていることになる。

なお、㉒大弁功徳天は吉祥天《きっしょうてん》、㉓神母天は鬼子母神《きしもじん》、⑨毘婆迦羅王は大自在天（シヴァ神）の妃のドゥルガー、⑲金毘羅王は十二神将の宮毘羅大将、⑳満善車王は⑱との重複、㉑金色孔雀王は孔雀明王《くじゃくみょうおう》、㉘摩和羅女は地天《ちてん》の別名ともされる。㉗婆藪仙人はバラモン教の仙人で、殺生《せっしょう》の罪で地獄へ堕ちたが救われて仏門に入ったという。

二十八という数は、守護神として東西南北と上下に四人ずつ配され、東南、西南などの四隅《よすみ》の一人ずつを合わせたものである。

風神《ふうじん》と雷神《らいじん》を含めて三十体で構成されることもある。

▼十《じゅう》二《に》宮《きゅう》・九《く》曜《よう》・二《に》十《じゅう》八《はっ》宿《しゅく》など

◎人間の運勢を支配する星たち

本項の冒頭で述べた通り、本項で取り上げる集合尊とは、「眷属尊」と「星（天体）の尊格」の二種類である。ここからは星の尊格を見ていこう。

正月や節分《せつぶん》、冬至《とうじ》などに密教の寺々では「星祭《ほしまつ》り」の法要が行われる。人間の運命は天体の運行に支配されるという占星術の考え方は洋の東西を問わず、乙女座、さそり座などの十二宮《じゅうにきゅう》や九曜《くよう》、二十八宿《にじゅうはっしゅく》（後述）はインド占星術にも見られ、北斗七星《ほくとしちせい》など中国の道教《どうきょう》の思想や儀礼なども取り込まれて「星祭り」の祭祀《さいし》儀礼ができている。

「星祭り」の趣旨は、新しい年を迎えるにあたり、その年の運命を左右する星を祀って供養し、凶星の災いを払い、善星の擁護による幸福を祈ることである。

法要の本尊とされる星曼荼羅《ほしまんだら》には、いくつかのグループの星の尊格が登場する。

すべての星の王者とされる一字金輪仏頂尊《いちじきんりんぶっちょうそん》を中心にして、周囲に三重の区画があるが、まず一字金輪仏頂尊の近くに北斗七星と九曜が配置される。人は生まれもって、貪狼《とんろう》星、巨門《こもん》星、禄《ろく》存《そん》星、文曲《もんごく》星、廉貞《れんじょう》星、武曲《ぶごく》星、破軍《はぐん》星という北斗七星のいずれかの星の影響下にあるといい、これは一生変わることはなく「本命星《ほんみょうじょう》」と呼ばれる。

一方で毎年変わり、人の運命を支配するのが九曜で、太陽、月、火星、水星、木星、金星、土星の七星と、日蝕《にっしょく》や月蝕《げっしょく》を起こす羅睺《らご》星、彗星《すいせい》を示す計都《けいと》星を合わせたものである。九曜にはそれぞれ吉凶がある。

北斗七星や九曜を描いた外側に十二宮が描かれる。十二宮は西洋占星術と同様で、①羊宮《ようくう》〈おひつじ座〉／②牛《ご》宮〈おうし座〉／③夫婦《ふうふ》宮〈ふたご座〉／④摩竭《まかつ》宮〈やぎ座〉／⑤賢瓶《けんびょう》宮〈みずがめ座〉／⑥双魚《そうぎょ》宮〈うお座〉／⑦秤《びょう》宮〈てんびん座〉／⑧蝎《かつ》宮〈さそり座〉／⑨弓《きゅう》宮〈いて座〉／⑩蟹《かい》宮〈かに座〉／⑪師子《しし》宮〈しし座〉／⑫女《にょ》宮〈おとめ座〉からなる。（※〈〉内は西洋占星術との対応。）

さらに十二宮の外側の区画には二十八宿が祀られる。十二宮が一年間に太陽が通る天空の通路にある星座であるのに対し、二十八宿は、月が一ヶ月間（二十八日間）に移動する、①角《かく》／②亢《こう》／③氐《てい》／④房《ぼう》／⑤心《しん》／⑥尾《び》／⑦箕《き》／⑧斗《と》／⑨牛《ぎゅう》／⑩女《じょ》／⑪虚《きょ》／⑫危《き》／⑬室《しつ》／⑭壁《へき》／⑮奎《けい》／⑯婁《ろう》／⑰胃《い》／⑱昴《ぼう》／⑲畢《ひつ》／⑳觜《し》／㉑参《しん》／㉒井《せい》／㉓鬼《き》／㉔柳《りゅう》／㉕星《せい》／㉖張《ちょう》／㉗翼《よく》／㉘軫《しん》

二十八宿のうち三宿の図像
（胎蔵界曼荼羅・外金剛部院より）

という天空上の二十八の星座をいう。月が一日ごとにその星座に宿るという意味で星宿という。誕生日の星宿をもとにした日々の吉凶判断には複雑な占星術が用いられる。

星曼荼羅には、全体を四角で描いたものと同心円状のものの二種類がある。諸尊の図像は、北斗七星と九曜、二十八宿は官人や菩薩、忿怒尊《ふんぬそん》のような形であり、十二宮は星座名の羊や牛などの動物や器物で表される。

12

さまざまな弘法大師像

◎弘法大師《こうぼうだいし》空海《くうかい》とは

本書は前項まで、如来《にょらい》・菩薩《ぼさつ》・明王《みょうおう》・天部《てんぶ》の神々などインド由来の仏さまをはじめ、中国や日本に起源を持つ尊格《そんかく》や神々を取り上げてきた。

しかし、密教、ことに真言宗《しんごんしゅう》の信仰にとって重要と考えられるのは、弘法大師空海に対するものであろう。弘法大師は、密教の思想では仏そのものと考えられ、信仰対象となるのである。

弘法大師信仰には、その生涯の事績《じせき》に基づいたさまざまなスタイルがある。本項では、そのさまざまな弘法大師像を紹介したいと思う。

▼修《しゅ》行《ぎょう》大《だい》師《し》

◎永遠に遍路《へんろ》を続ける大師の像

まず注目したいのは四国八十八ヶ所《しこくはちじゅうはっかしょ》における弘法大師信仰である。

「遍路」は春の季語とされるように、菜の花が咲く頃、四国の野山には白装束《しろしょうぞく》で遍路杖《づえ》をたずさえ、鈴を鳴らしながら歩むお遍路さん（巡拝者《じゅんぱいしゃ》）の姿がよく見かけられる。四国遍路は弘法大師の霊跡《れいせき》をたどる旅路であり、弘法大師に出会うことを願う行《ぎょう》でもある。

四国八十八ヶ所霊場の開創に関わる話として「衛門三郎《えもんさぶろう》伝説」がある。

弘法大師在世《ざいせ》の頃、伊予国《いよのくに》（愛媛県）に衛門三郎という欲の深い富農《ふのう》がいた。ある日、みすぼ

「修行大師」の像

らしい僧が托鉢《たくはつ》に訪れたのだが、三郎は追い返した。さらに再三やってくるのに怒って、僧の托鉢の鉢《はち》を割ってしまった。それから、三郎の八人の子供達が次々と亡くなり、悲しむ彼の夢枕《ゆめまくら》に弘法大師が立って、かの僧が弘法大師であったことに気がつく。自分の行為を反省し、謝罪しようと考えた三郎は、四国を経《へ》めぐって大師を捜《さが》した。二十回も回った頃、阿波《あわ》（徳島県）の山中でようやく大師と会うことができたが、三郎の体力も尽き果てていた。望みをかなえようという大師に、三郎は伊予国の領主である河野家《こうのけ》に生まれたいと告げ、息を引き取った。大師は三郎の手に石を握らせたが、その後、河野家に子供が生まれ、その手に石を握っていたという。

弘法大師の出家宣言書とされる『三教指帰《さんごうしいき》』には、「阿波の大龍《たいりょう》の嶽《たけ》に登り、土佐《とさ》（高知県）の室戸《むろと》の崎《みさき》に勤念《ごんねん》す」とある。高山や海岸で求聞持法《ぐもんじほう》を修したという、自身の四国における修行の体験を記したものであるが、このように、弘法大師は今でも四国の山野を行脚《あんぎゃ》しておられ、その息吹《いぶき》に触れたいというのが四国遍路の信仰の原点である。「修行大師」像は、永遠に遍路を続ける弘法大師を現したものである。

「修行大師」像は、あじろ笠《がさ》をかぶり、右手に錫杖《しゃくじょう》、左手に数珠《じゅず》や鉢を持ち、脚絆《きゃはん》を付け草履《ぞうり》を履《は》いた姿で表現される。

▼真《しん》如《にょ》様《よう》の大《だい》師《し》

◎最も普及している大師像

大師堂とか、本堂などに祀られる弘法大師の像は、顔を右に向けて香色《こういろ》の袈裟《けさ》・衣《ころも》を着け、右手に五股《ごこ》（五鈷《ごこ》）金剛杵《こんごうしょ》、左手に数珠を持ち、椅子《いす》に坐す姿をしている。なお、この椅子は御椅《ごい》子《し》と言い習わされている。御椅子とは天皇が坐す椅子のことであるが、弘法大師が坐す由縁《ゆえん》は、

「真如様の大師」の像

嵯峨《さが》天皇より賜《たまわ》ったということが伝えられている。椅子の下《もと》には水瓶《すいびょう》と木履《きぐつ》が置かれている。在家《ざいけ》の仏壇に祀《まつ》られる場合もこの姿が一般的であろう。

伝説では、弘法大師が御入定《ごにゅうじょう》を迎える前、弟子達に御遺告《ごゆいごう》をされた時、弘法大師の十大弟子のひとりである真如法親王《しんにょほうしんのう》がその姿を描写したものとされ、この大師像は「真如様」とよばれる。親王真筆《しんぴつ》の像は高野山《こうやさん》御影堂《みえどう》に祀られている。

ちなみに、真如法親王とは平城《へいぜい》天皇の第三皇子《おうじ》である高岳《たかおか》親王のことである。親王は嵯峨天皇の皇太子《こうたいし》であったが、平安時代初頭に平城上皇《じょうこう》と藤原薬子《ふじわらのくすこ》らによって平城京への遷都《せんと》が企《くわだ》てられた「薬子の変」（八一〇）の影響を受けて皇太子を廃され出家、真如と名乗って大師の弟子となった。六十歳を過ぎて入唐《にっとう》し、そのまま帰国せず中国から海路インドを目指したが、途中のマレー半島で亡くなったと伝えられる。

仏像の持物《じもつ》（もちもの）には意味があり、たとえば不動明王《ふどうみょうおう》の剣は衆生《しゅじょう》の煩悩《ぼんのう》や苦しみを断ち切る働きを、また地蔵菩薩《じぞうぼさつ》の宝珠は、衆生の求めに応じて種々の救いを与えるという誓願《せいがん》をそれぞれ象徴したものである。弘法大師の図像も例外ではない。

五股金剛杵は、大日如来《だいにちにょらい》の智恵を象徴する法具《ほうぐ》であり、金剛界《こんごうかい》と胎蔵界《たいぞうかい》の二つの真理を示したものとされる。五股金剛杵を持つ尊格の代表としては金剛薩埵《こんごうさった》がいる。金剛薩埵は、大日如来から教えを受けて実践をし、また次に伝えて行く、修行者の代表ともいうべき密教独自の尊格である。また密教で金剛薩埵と同じとされる普賢菩薩《ふげんぼさつ》も金剛杵を持つ。普賢菩薩は修行者の代表とも言える仏さまで、『華厳経《けごんぎょう》』には、普賢菩薩が永遠に諸仏《しょぶつ》を礼拝供養《らいはいくよう》し、罪を懺悔《さんげ》するなどの十《じゅう》大願《だいがん》が説かれる。

弘法大師は最晩年、高野山において「万灯万華《まんどうまんげ》」の法要《ほうよう》を行ったが、その時の願文《がんもん》の中に、

「虚空《こくう》尽き　衆生《しゅじょう》尽き　涅槃《ねはん》尽きなば　我が願いも尽きん」

と示した。この言葉は『華厳経』に説かれる菩薩の誓願であり、弘法大師も金剛薩埵や普賢菩薩と同じく、永遠に衆生の救済にあたるという決意を示したものである。そのような意味で弘法大師の持つ五股金剛杵は、密教修行者の心を象徴したものであるといえる。

それでは左手に持つ数珠をどう解釈すればよいのか。数珠は念珠《ねんじゅ》ともいい、真言を唱える際に数を取る法具である。真言宗の僧は必ず左手に数珠を持つ。従って一般的な真言僧侶の姿をとったとも考えられる。

ただ、多くの仏さまも数珠を持物とし、それには意味がある。たとえば千手観音《せんじゅかんのん》は多くの手にさまざまな法具を持つが、その持物のひとつに数珠がある。千手観音を説いた経典に、望みに応じて千手観音のどの手に願いを掛けるのがよいか説かれており、数珠を持つ手に祈願すると「十方の諸仏がすみやかに来て手をさしのべてくれる」とある。

もとより千手観音の記述を弘法大師に当てはめるのは無理があるが、弘法大師の「虚空尽き」の願文からも知られるように、自らの没後も衆生救済に尽くすとされた弘法大師の誓願が、大師の信者に手をさしのべるという意味で数珠に象徴されているのかもしれない。

大師は承和《じょうわ》二年（八三五）三月二十一日に、高野山において入定《にゅうじょう》された。真言宗寺院では、三月二十一日に真如様の大師像を祀り、報恩謝徳《ほうおんしゃとく》のために「御影供《みえく》」法要が行われる。なお、三月二十一日に修される「正《しょう》御影供」以外に、毎月二十一日に「月並《つきなみ》御影供」が行われることも多い。

▼大師《だいし》誕生《たんじょう》像《ぞう》と稚児《ちご》大師《だいし》

◎幼い頃の大師の姿

弘法大師は宝亀《ほうき》五年（七七四）六月十五日、讃岐国《さぬきのくに》（香川県）多度郡《たどのごおり》屛風浦《びょうぶがうら》で誕生したと伝えられる。大師の『御遺告《ごゆいごう》』の中に「父母が、我が子は昔から仏弟子であったに違いない、というのも、天竺《てんじく》（インド）より聖人の僧が来て私達の懐《ふところ》に入る夢を見て懐妊《かいにん》した子だからと言っていた」という内容の記述がある。小さな頃は家族から「貴物《とうともの》」とよばれて大切に育てられたといい、後の活躍の片鱗《へんりん》を見せる利発《りはつ》な子供だったに違いない。

後世、多くの「弘法大師伝」が編《あ》まれ、伝記の内容も次第にふくらんでいくが、その中に「大師は合掌《がっしょう》して生まれた」という説があり、これにもとづいて弘法大師の誕生像は合掌した姿で表現される。なお、弘法大師は聖徳太子《しょうとくたいし》の生まれ変わりだとする伝説もあり、聖徳太子の幼少期の像と弘法大師の誕生像はうり二つで、腰から下に裙《もすそ》を着け、上半身裸の合掌像である。

▼秘《ひ》鍵《けん》大《だい》師《し》

真言宗寺院では、弘法大師の誕生を祝って六月十五日に「青葉祭《あおばまつり》」が開かれる。釈尊《しゃくそん》の誕生会《え》である「花祭《はなまつり》」と同様に、花御堂《はなみどう》の中に大師誕生像を安置し、甘茶《あまちゃ》を掛けて祝う。ただ、釈尊誕生会とは異なり、花御堂の屋根に花を飾ることは少ない。

また同じく『御遺告』に、「昔、私が生まれて父母の家にいた五、六歳の頃、常に夢の中で八《はち》葉蓮華《ようれんげ》に坐って、諸仏とともに語り合う光景を見ていた」とある。この記述にもとづいて形作られたのが「稚児大師」像である。この像は、金剛界曼荼羅《こんごうかいまんだら》の中の尊格のように、月輪《がちりん》の中に八葉の蓮華座があり、その上に出家する前の大師（幼名は佐伯真魚《さえきのまお》とよばれた）が、聡明《そうめい》な面《おも》もちで、有《う》髪《はつ》で着物と袴《はかま》を着け合掌する姿で坐る。

また、少年の姿で立ち、両手で五輪塔《ごりんとう》を捧げ持つ「稚児大師」像も見られる。

「稚児大師」像は、子供の成長や学業成就《じょうじゅ》を祈る本尊として信仰されることが多い。

◎文殊《もんじゅ》菩薩《ぼさつ》と一体化した大師の姿

弘法大師の著作である『般若心経秘鍵《はんにゃしんぎょうひけん》』の奥書《おくがき》に、「弘仁《こうにん》九年（八一八）の春、天下に疫病《えきびょう》が流行した。そこで（嵯峨）天皇が紺紙金泥《こんしきんでい》で『般若心経』一巻をお書きになられ、私（弘法大師）が『般若心経』を講義し、その内容を『般若心経秘鍵』として記した。すると講義が最後まで終わっていないにもかかわらず、蘇生《そせい》した人々が道に現れ、今まで夜のように暗かった世の中が日の光あふれるものとなった」という旨《むね》の文章がある。

嵯峨天皇が一字三礼《いちじさんらい》（一文字書くたびに三度礼拝《らいはい》をする丁寧な作法）によってお書きになったと伝えられるこの『般若心経』は、病気平《へい》

「秘鍵大師」の像。右手に文殊菩薩の智恵をあらわす剣を持ち、背には世の闇を照らす日輪が輝く。

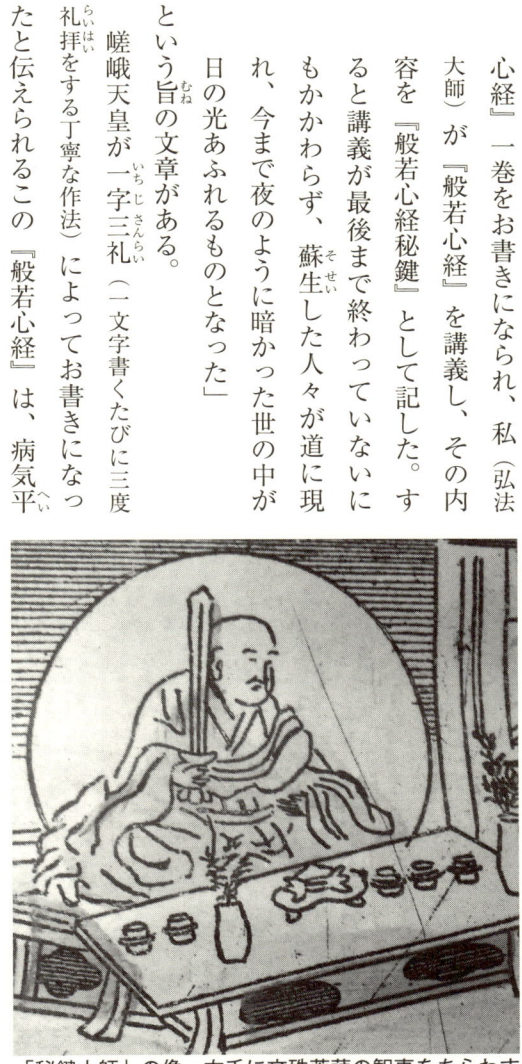

癒《ゆ》や鎮護《ちんご》国家などに功徳《くどく》がある霊験《れいげん》あらたかなものと考えられてきた。嵯峨天皇の離宮《りきゅう》であった「嵯峨院」を受け継いだ京都嵯峨の大覚寺《だいかくじ》の「心経殿《しんぎょうでん》」で今でも厳重に祀られ、勅命《ちょくめい》で封印されていることから『勅封《ちょくふう》心経』とよばれる。そして、弘仁九年が戊戌《つちのえいぬ》の年であることにより、六十年ごとの戊戌の年には開封され、人々の礼拝を許してきた。

なお本項を執筆している本年（平成三十年＝二〇一八年）がちょうど戊戌の年にあたり、秋には、弘仁九年から一千二百年の歴史を刻んだ『勅封心経』を前に大覚寺で記念法要が行われた。

『般若心経秘鍵』奥書の逸話をもとに祀られているのが「秘鍵大師」像である。通常の真如様の大師像とは異なり、右手に剣を持ち、背には真っ赤な日輪《にちりん》（太陽）が輝いている。

『般若心経秘鍵』の冒頭に「文殊《もんじゅ》の利剣《りけん》は諸戯《しょけ》を絶《た》つ」とあるが、『般若心経』に説かれる「空《くう》」の智恵を体現したのが文殊菩薩であり、文殊菩薩の代表的な持物である剣は、文殊の智恵を象徴し、煩悩や苦悩を断ち切るものとされる。秘鍵大師の剣は、弘法大師が文殊菩薩の境地に入って『般若心経秘鍵』を説いたことを意味し、疫病などの苦しみを取り去ることを意味している。

背景の日輪は、『般若心経秘鍵』の講義が、闇を照らす太陽のように世の中や人心を明るくしたことを示したものであろう。

▼弘《こう》法《ぼう》大《だい》師《し》行《ぎょう》状《じょう》曼《まん》荼《だ》羅《ら》

◎大師の生涯における〝奇跡〟をまとめた曼荼羅

弘法大師の生涯には多くの伝説があるが、誕生から入定までにとどまらず、それ以降の奇瑞《きずい》や霊跡をまとめたものに「弘法大師行状曼荼羅」がある。

この図像は、真如様の大師を中心に大きく描き、周辺に四十あまりの区画を構成して、大師の生涯におけるエピソードを絵で表現している。それぞれの画面には、たとえば「誕生霊瑞《たんじょうれいずい》」「渡《と》海入唐《かいにっとう》」などのタイトルが付けられている。いくつか紹介してみたい。

・「誓願捨身《せいがんしゃしん》」……七歳の頃、近くの我拝師山《がはいしさん》に登り、衆生を救いたいという自らの誓願が仏さまに受け入れられるものかどうかと身を投げ、天女が大師を受け止めた。

・「明星入口《みょうじょうにゅうこう》」……室戸岬《むろとのみさき》での求聞持法《ぐもんじほう》修行の折り、明星が大師の口に飛び込んだ。

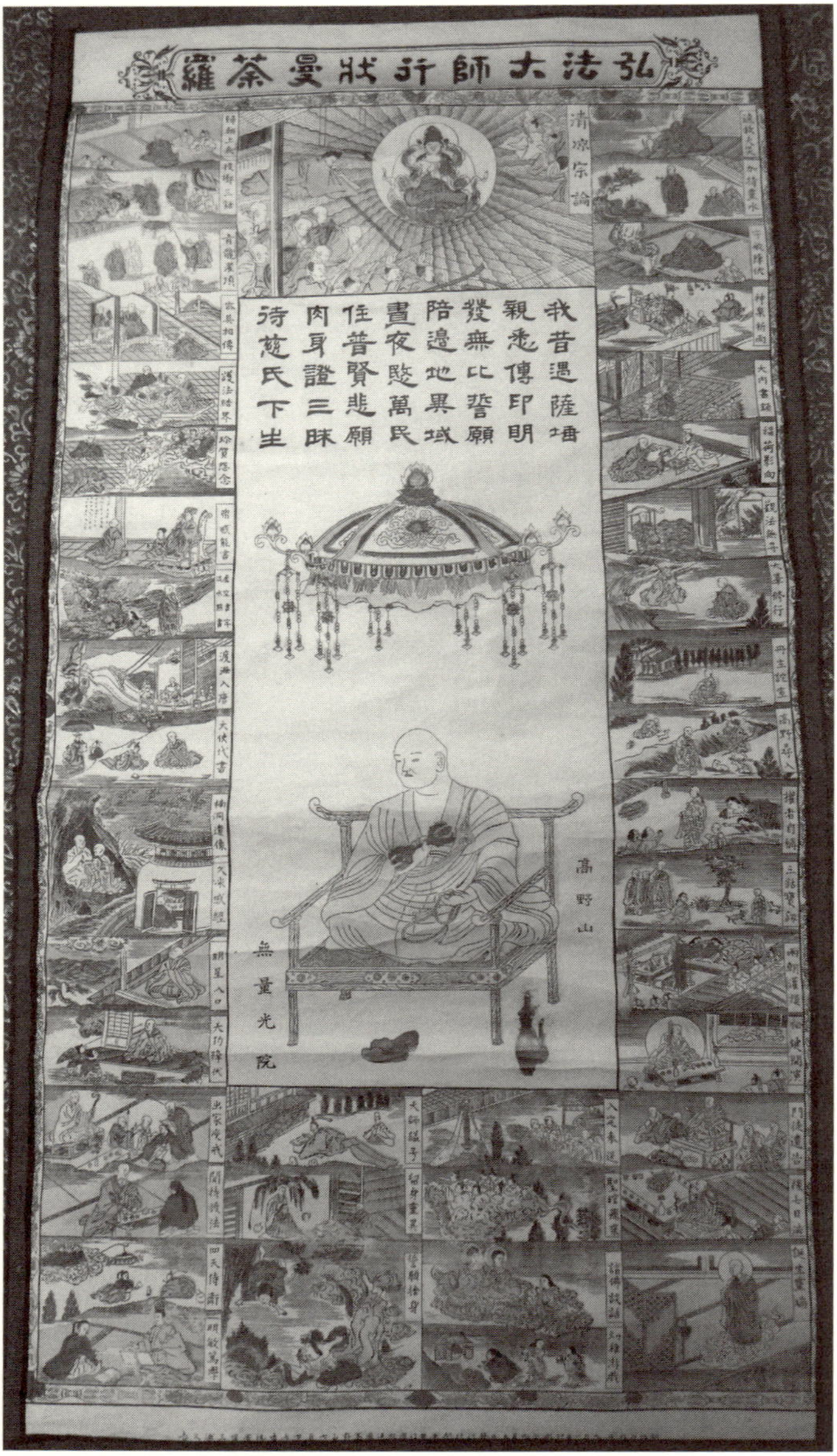

「弘法大師行状曼荼羅」。大師の生涯におけるあらゆる奇跡を、一枚の絵図にまとめたもの。

・「清涼宗論《せいりょうしゅうろん》」……宮中清涼殿《きゅうちゅうせいりょうでん》で他宗の僧と宗論を行ったとき、大師が大日如来の姿となった。

・「神泉祈雨《しんせんきう》」……神泉苑《えん》で雨乞《あまご》いの祈祷《きとう》を行い、たちまち効験《こうけん》があった。

このほか、中国から三股杵《さんこしょ》を投げた話とか、入定後の霊異《れいい》なども描かれている。

この「行状曼荼羅」が絵解《えと》きとして、あるいは礼拝の対象として、弘法大師信仰が隆盛になるための大きな要因となったと考えられる。

「弘法大師行状曼荼羅」より「清涼宗論」の場面。
大日如来の姿となった大師。

第二部

知っておきたい十三仏

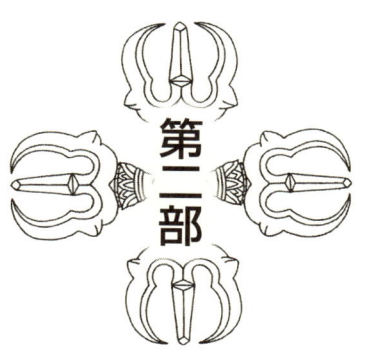

◆第二部のはじめに――なぜ十三仏なのか◆

「十三仏《じゅうさんぶつ》」は密教的なグループ尊であるが、密教のみならず禅宗《ぜんしゅう》などでも重んじられ、主に葬儀・法事の場で、亡くなった人への追善供養《ついぜんくよう》のための本尊として、広く信仰されている。

そこで本書では、十三仏については〝第二部〟として別立てし、各尊について詳しく見ていきたいと思う。

なお、「不動明王《ふどうみょうおう》」と「大日如来《だいにちにょらい》」については、すでに第一部で詳しく見ているため、重複を避けるため、簡潔な解説にとどめた。ご了承いただければ幸いである。

―十三仏―

大日如来
薬師如来
弥勒菩薩
不動明王
阿閦如来
虚空蔵菩薩
観音菩薩
地蔵菩薩
釈迦如来
阿弥陀如来
普賢菩薩
勢至菩薩
文殊菩薩

1 十三仏を知るために

◎十三仏《じゅうさんぶつ》とは

十三仏は、不動明王《ふどうみょうおう》、釈迦如来《しゃかにょらい》、文殊菩薩《もんじゅぼさつ》、普賢菩薩《ふげんぼさつ》、地蔵菩薩《じぞうぼさつ》、弥勒菩薩《みろくぼさつ》、薬師如来《やくしにょらい》、観《かん》音菩薩《のんぼさつ》、勢至菩薩《せいしぼさつ》、阿弥陀如来《あみだにょらい》、阿閦如来《あしゅくにょらい》、大日如来《だいにちにょらい》、虚空蔵菩薩《こくうぞうぼさつ》の合計十三尊から構成される尊格《そんかく》グループをいう。如来が五尊、菩薩が七尊、明王が一尊である。

それぞれの尊格は、宗教的、文化的に豊かな歴史を持ち、あるいは除災招福《じょさいしょうふく》に、また病気平《びょうきへい》癒《ゆ》祈願に、学業成就《がくぎょうじょうじゅ》祈願にと個別に信仰されているが、十三仏全体としては、主として、追善《ついぜん》供養《くよう》の場面で登場する。また、それぞれの尊格の功徳《くどく》を説く個別の経典はいくつも存在することはもちろんだが、十三仏全体を総合的に説く経典はない。

◎十三仏の成立

それでは、現在見られる十三仏としてまとめられたのには、どのような歴史があるのだろうか。

十三仏の成立の背景には『十王経《じゅうおうきょう》』の存在がある。十王とは冥土《めいど》の十人の王のことで、中国では、人は死後に初七日《しょなのか》(=一七日《いちしちにち》)から二年(三回忌《さんかいき》)までに、初七日から七七日《しちしちにち》(=四十九日《しじゅうくにち》)までは七日ごと、それより後は、百ケ日《ひゃっかにち》、一周忌《いっしゅうき》、三回忌まで、上図の十人の冥土の王から裁きを受けなければならないとされてきた。

十王《じゅうおう》

(冥土の十人の王)

初七日《しょなのか》	秦広王《しんこうおう》
二七日《にしちにち》	初江王《しょこうおう》
三七日《さんしちにち》	宋帝王《そうていおう》
四七日《ししちにち》	五官王《ごかんおう》
五七日《ごしちにち》	閻羅王《えんらおう》
六七日《ろくしちにち》	変成王《へんじょうおう》
七七日《しちしちにち》	太山王《たいざんおう》
百ケ日《ひゃっかにち》	平等王《びょうどうおう》
一周忌《いっしゅうき》	都市王《としおう》
三回忌《さんかいき》	五道転輪王《ごどうてんりんおう》

ここに説かれる十王のうち、閻羅王（＝閻魔王《えんまおう》）は古代インドのヤマ神（冥界《めいかい》の王）のことだが、インドあるいは仏教に由来するのは閻羅王のみで、他の冥王は中国の道教に起源を持つ。なお、初七日から四十九日までの供養儀礼はインド起源であり、百ヶ日、一周忌、三回忌は中国の儒《じゅ》教《きょう》にもとづいたものである。

『十王経』には、中国で作られた『預修十王生七経《よしゅうじゅうおうしょうしちきょう》』と、それを受けて日本で成立した『地蔵菩薩発心因縁十王経《じぞうぼさつほっしんいんねんじゅうおうきょう》』（以下、『地蔵十王経』）の二つがある。いずれの経典も、死者が死後に受ける審判を説いたものである。

『預修十王生七経』では、審判の苦しみを免《まぬが》れるために、生前から善根《ぜんごん》を積む必要があると説く。預修（あらかじめ修する）という名称はこれにもとづく。

『地蔵十王経』は、平安時代末期に日本で作られたと考えられており、『預修十王生七経』と同じ冥土の十王が説かれている。相違点は十王それぞれに対応する本地仏《ほんじぶつ》として、次の尊格が示されていることである。すなわち、十三仏というグループ（当初は十仏）は日本で生まれたということになる。このように、十三仏を対象とした先祖供養は、インド・中国・日本それぞれの宗教文化が重なって成立したものである。

初七日　秦広王→不動明王
二七日　初江王→釈迦如来
三七日　宋帝王→文殊菩薩
四七日　五官王→普賢菩薩
五七日　閻羅王→地蔵菩薩
六七日　変成王→弥勒菩薩
七七日　太山王→薬師如来
百ヶ日　平等王→観音菩薩
一周忌　都市王→勢至菩薩
三回忌　五道転輪王→阿弥陀如来

『地蔵十王経』には以上のような十尊が示されるのみで、十三仏中の阿閦如来、大日如来、虚空蔵菩薩の三尊は現れない。

近年の研究によれば、鎌倉時代には十王の本地仏にいくつかの種類があったという。たとえば、三回忌五道転輪王の本地として、阿弥陀、釈迦、大日の三種があり、それぞれ浄土《じょうど》系、天台《てんだい》・

日蓮《にちれん》系、真言《しんごん》系の仏教を背景としたものだとされる。

現在の十三仏の構成を見ると、二七日から四七日までは、釈迦・文殊・普賢の釈迦三尊《しゃかさんぞん》であり、百ヶ日から三回忌までは、観音・勢至・阿弥陀の阿弥陀三尊《あみださんぞん》となる。十三回忌の本尊である大日如来を加えると、確かに、三種の要素を受け継いでいることがわかる。

室町時代になると、浄土系の本地仏が一般化したとされる。これは、『地蔵十王経』に示すものと一致している。

十仏から十三仏への発展は、南北朝から室町時代にかけてと考えられている。ただ、ここで新たに加えられた三尊についても、当初から阿閦、大日、虚空蔵の三尊であったのではなく、大日を中心としつつも、いくつかの変遷を経て現在の形となったとされる。ともあれ、室町時代には現在見られる十三仏の形となったようである。

なお、冥界の審判者としては閻魔法王《えんまほうおう》が最もよく知られるが、地蔵菩薩を説く『十輪経』では、地蔵菩薩の化身のひとつとして閻魔法王が説かれる。衆生を導くために地蔵菩薩が閻魔法王に身を変えるというのだが、『地蔵十王経』では、後述のように地蔵菩薩の救済がひとつのテーマとなっており、地蔵菩薩が十三仏のなかで重要な要素となっていることがわかる。

◎冥土の旅路

『地蔵十王経』では、冥土の様相《ようそう》とか、冥王の審判の様子が説かれる。いくつか紹介しておきたい。

初七日《しょなのか》秦広王《しんこうおう》の役所を出ると葬頭河《そうずか》という川がある。亡者の生前の罪により①橋（善人）、②浅瀬（軽罪の人）、③深い急流（悪人）という三種の渡り方があるところから三途《さんず》の川ともよばれる。善人はやすやすと向こう岸に渡れるが、悪人は、流れてくる大岩に身を砕かれ、毒蛇に責められて苦しむこととなる。

二七日《にしちにち》初江王《しょこうおう》の役所の前には奪衣婆《だつえば》と懸衣翁《けんねおう》という二鬼がいる。奪衣婆は亡者の衣服をはぎ取り、懸衣翁はそれを衣領樹《えりょうじゅ》という木に懸《か》けて、枝のしなり具合により罪の軽重をはかるという。

四七日《ししちにち》五官王《ごかんおう》の役所には亡者の罪をはかる秤《はかり》がある。殺生《せっしょう》、偸盗《ちゅうとう》、邪婬《じゃいん》、妄語《もうご》、綺語《きご》、悪口《あっく》、両舌《りょうぜつ》という七つの罪について調べられ、秤の目盛りの振れようにより、地獄《じごく》、餓鬼《がき》、畜生《ちくしょう》などの行き先が決められる。

五七日《ごしちにち》閻魔法王《えんまほうおう》（＝閻羅王《えんらおう》）の役所には黒闇天女《こくあんてんにょ》と太山府君《たいざんふくん》という二神がいる。この神々は、生まれてから死ぬまで人に付き従っているという。そして、人間の一生の行為について、黒闇天女はわずかな善行であってもすべて記録し、太山府君はどんな小さな悪事でもことごとく記録する。亡くなった後に閻魔法王にそれを提出し、閻魔法王はそれをもとにして審議し、処分を決めるのだという。

閻魔庁《えんまちょう》には、光明王院《こうみょうおういん》と善名称院《ぜんみょうしょういん》という二つの建物がある。

光明王院は閻魔法王の審判所であり、中に浄玻璃鏡《じょうはりきょう》という大きな鏡がある。この鏡には、亡者が一生の間に行った善悪の行為がすべて映し出される。していない、記憶にないと言っても証拠を突きつけられては逃げることもできず、苦しむことになる。

善名称院は地蔵菩薩が住まいする浄土である。金の砂が地を覆《おお》い、門や樹木は金銀で、池には蓮が咲き、美しい鳥が鳴いている。地蔵菩薩は、毎日この浄土から出てあちこちの場所におもむく。この経典で地蔵菩薩は衆生《しゅじょう》を救うために十二の誓願《せいがん》を立てるのだが、中でも特徴的なのが、地獄に行って衆生の刑罰の苦しみを代わって受けようという「代受苦《だいじゅく》」の誓願である。

『地蔵十王経』では、経題のとおり、地蔵菩薩の救済は説かれるが、先に挙げた不動明王から阿弥陀如来までの具体的な救いが説かれることはない。ただ、本地仏としての意味からすれば、冥王《めいおう》の審判、追及を免れるためには、それぞれの尊格を礼拝供養《らいはいくよう》することが要請される。しかし、冥界に入った亡者にはもはや善根を積む手だてはなく、遺族の努力を待たねばならない。経典中にもしばしば遺族の追善供養により亡者が助かることが説かれる。

◎十三仏の構成

今日流布《るふ》している十三仏の図像を見ると、大別して、

(1) 大日如来を中心に四如来、七菩薩、一明王を左右に配置した図像

(2) 右下の不動明王からジグザグになびく雲に乗り、釈迦如来から虚空蔵菩薩までを描く図像

の二種がある。

(2)の図像は、初七日から三十三回忌までの順序を意識した構成であり、(1)の図像は、密教《みっきょう》の曼荼羅《まんだら》をイメージさせる配置となっている。(1)では、初七日からの順序を直線的に追うことはできない。

七回忌から三十三回忌の三尊のうち、大日如来は、もともと十王の本地仏のひとつであった歴史があるが、阿閦如来と虚空蔵菩薩はどのような理由で付け加えられたものだろうか。また、なぜ十三という数なのだろうか。

十三の根拠については、胎蔵界曼荼羅《たいぞうかいまんだら》を構成する十三大院《じゅうさんだいいん》にもとづくと考えられている。胎蔵界曼荼羅は、中心の中台八葉院《ちゅうだいはちよういん》をはじめ、蓮華部院《れんげぶいん》、金剛手院《こんごうしゅいん》など尊格のグループごとに十二の区画に分けられ、それぞれの区画を院とよぶ。これに現在の曼荼羅には描かれていない四大《しだい》護院《ごいん》を加えて、古来より胎蔵界曼荼羅十三大院と言い習わしてきた。

十三仏が十三大院のそれぞれの尊格を代表しているわけではないが、胎蔵界曼荼羅から大きな影響を受けているのは間違いない。たとえば、胎蔵界曼荼羅の中央の中台八葉院は、大日如来を中心に、宝幢《ほうどう》、開敷華王《かいふけおう》、無量寿《むりょうじゅ》、天鼓雷音《てんくらいおん》の四如来、および普賢、文殊、観音、弥勒の四菩薩が配置される。如来を見ると、宝幢如来は阿閦如来と同体とされ、天鼓雷音如来は釈迦如来と関係が深い。無量寿如来はもちろん阿弥陀如来のことである。開敷華王如来は十三仏に入っていない。代わりに薬師如来がいるが、薬師如来は七とか四十九という数に縁が深いため、四十九日の本尊とされたものか。このように五如来のうち、大日如来も加えた四尊が十三仏に含まれる。

なお、十三仏中の大日如来は、胎蔵界大日ではなく智拳印《ちけんいん》を結んだ金剛界《こんごうかい》大日であるが、胎蔵界曼荼羅の尊格ばかりの中に金剛界大日が入ることにより、十三仏図像（十三仏曼荼羅ともよばれる）が胎蔵界・金剛界すべての尊格を表しているとも考えられている。

普賢ほか中台八葉院の四菩薩は十三仏の中に現れている。したがって、一尊を除き中台八葉院の尊格はすべて十三仏に登場していることになる。

十三仏のうち残りの四尊を見ると、まず不動明王は胎蔵界大日如来の教令輪身《きょうりょうりんじん》で、仏法に従わない者に対し怒りと力で導いて救いを与える重要な働きがある。胎蔵界曼荼羅のガードマン的なほとけと言えるかもしれない。次に地蔵菩薩は、先述したとおり『地蔵十王経』に説かれる地獄救済の尊格であるとともに、その名のとおり大地の徳を象徴したほとけでもある。虚空蔵菩薩と一対として天地の尊格として考えられている。虚空蔵菩薩は、宝・価値を象徴するほとけであり、十三仏の最後を飾るのにふさわしい。

胎蔵界曼荼羅の中で、不動明王は持明院《じみょういん》に現れ、地蔵菩薩、虚空蔵菩薩は、それぞれ地蔵院《じぞういん》、虚空蔵院《こくうぞういん》の主尊である。最後の勢至菩薩は、観音とともに阿弥陀三尊のひとりとして欠かせない。胎蔵界曼荼羅では蓮華部院に登場する。

以上のように、十三仏の成立には、『地蔵十王経』、中世の仏教各派の活動、胎蔵界曼荼羅からの発展などさまざまな要因が関係していることがわかる。

次項からは、それぞれの尊格について個別に解説していきたい。

2

初七日と二七日の仏

不《ふ》動《どう》明《みょう》王《おう》——初七日《しょなのか》を守護する仏

（不動明王については、本書・第一部で、すでに詳しく見ているため、簡潔な解説にとどめる。）

◎十三仏で唯一の明王

十三仏のうち、初七日（一七日《いちしちにち》）をつかさどるのが、不動明王である。赤々と燃え上がる炎を背にし（火炎光背《かえんこうはい》）、目をいからし、歯をむき出して全身で怒りを表している。

弘法大師《こうぼうだいし》空海《くうかい》が、中国で師事した恵果和尚《けいかかしょう》の説を筆記したものとされる『秘蔵記《ひぞうき》』によれば、不動明王は大日如来《だいにちにょらい》の化身であり、大日如来が怒りの姿をとって現れたものだという。すなわち、おだやかな姿で教えを説き導くことのみでは従わない衆生《しゅじょう》に対して、荒々しい忿怒《ふんぬ》のほとけとして現れ、煩悩《ぼんのう》に迷い、苦難のうちにある衆生を力強く導き、煩悩を断ちきり救うのである。

不動明王
（山梨・恵林寺蔵）

明王という名称は、明呪《みょうじゅ》、すなわち真言《しんごん》の功徳を表す者の代表という意味を持つ。十三仏のなかで明王が現れるのは不動明王だけだが、不動明王には、固有の真言のひとつとして、よく知られる「慈救呪《じくのしゅ》（ノウマク　サマンダバザラダン　センダマカロシャダ　ソワタヤ　ウンタラタ　カンマン）」があり、災難を取り除く威力があるとされるこの真言の力を体現した尊格が不動明王といえる。

不動明王の特徴である右手の剣、左手の索《さく》（なわ）、背後の火炎、盤石《ばんじゃく》の台座などは、それぞれが衆生救済の方法をたとえたものであり、教学的な意味づけがなされている。

◎不動明王の真言

「ノウマク　サマンダバザラダン　センダマカロシャダ　ソワタヤ　ウンタラタ　カンマン」

釈《しゃ》迦《か》如《にょ》来《らい》——二《に》七《しち》日《にち》を守護する仏

◎仏教の開祖・釈尊《しゃくそん》

二七日の守護尊は釈迦如来、すなわち仏教の開祖・釈尊である。

およそ二千五百年ほど昔に北インドで活動した釈尊は、入滅《にゅうめつ》が近づいたときに、以後は誰を頼りとすればよいのかと嘆く弟子たちに対して、「自分自身を灯明《とうみょう》とし、自身をより所《どころ》とし、他のものに頼ってはいけない。法（真理）を灯明とし、法をより所として、他のものをより所としてはいけない」という自灯明・法灯明の教えを説いた。そしてクシナガラの地で入滅した（涅槃《ねはん》）。

説法印を結ぶ釈迦如来（釈尊）
（インド・サールナート博物館蔵）

人間釈尊の生涯は涅槃をもって閉じたのだが、残された弟子たちは、自灯明・法灯明の教えにもかかわらず、釈尊その人を追《つい》慕《ぼ》し、礼拝《らいはい》の対象とした。ただ、偉大な存在である釈尊を人間の姿で表現することをはばかり、法輪とか仏足石《ぶっそくせき》、菩提樹《ぼだいじゅ》など、釈尊を象徴するものをまつって礼拝したのである。ガンダーラ、あるいはマトゥラーで仏像が作られるようになったのは、釈尊滅後から五百年ほど後のことであった。

◎釈尊への信仰

釈尊の遺骨（仏舎利《ぶっしゃり》）も礼拝供養の対象として重要視された。仏舎利は、入滅後にインドの八部族に分けられ（舎利八分《はちぶん》）、のちにインドを統一したマウリヤ朝のアショーカ王（阿育《あいく》王）によって再び集められて細分され、インド各地に八万四千基とも数えられるほどの多数の仏塔が建てられたと伝えられる。この伝説は、インドのみならず中国まで広がり、明州の阿育王寺（浙江省寧波市）はアショーカ王の仏塔が発見されたという伝説をもとに建立された。このような舎利崇拝の背景には、釈尊の舎利そのものに不思議な霊力が秘められているとする信仰がある。

さらに、肉身としての釈尊は入滅したけれども、説かれた真理は永遠不滅の如来の真実そのものであるとして法身《ほっしん》とよばれるようになった。『華厳経《けごんぎょう》』に説かれる盧舎那仏《るしゃなぶつ》とか、密教で登場する大日如来などは法身仏であり、時間空間に限定される存在ではない。肉身としての如来が、やがて時空を超えた真理そのものの超人的な存在に発展していったということになる。

釈尊自体も、入滅後にもこの世界にあって教えを説いていると考えられるようになった。『法華経《ほけきょう》』に説かれる「常在霊鷲山《じょうざいりょうじゅせん》」という言葉は、釈尊が今なお常にインドの霊鷲山（『法華経』が説かれたとされる山）にあって説法しているという意味である。また『涅槃経《ねはんぎょう》』にも如来が涅槃を示したのは方便《ほうべん》であり、実《まこと》には身体が常住《じょうじゅう》で不変であることが説かれる。

このように、釈尊も久遠《くおん》常住の法身としてこの世に存在すると考えられるようになった。『法華経』で、三十五歳にして菩提樹の下で成道《じょうどう》したのは方便として示した姿であり、実際は、はるか昔から悟りを開いており、永遠に生きて教えを説き続けると考えられた釈尊は、久遠実成《くおんじつじょう》の釈迦如来とよばれる。胎蔵界曼荼羅《たいぞうかいまんだら》にも、大日如来のひとつの化身として、説法印《せっぽういん》を結んだ釈尊が描かれる。説法印は、サールナートでの初めての説法（初転法輪《しょてんぽうりん》）から始まり、各地で教えを説いたことを示している。

◎さまざまな釈尊の像

釈尊誕生像（誕生仏）
（滋賀・善水寺蔵）

釈尊の像としては、誕生から涅槃に到る八十年の生涯の事績がそれぞれに表現される。順に見ていくと、まず誕生仏《たんじょうぶつ》が挙げられる。誕生日とされる四月八日に、花御堂《はなみどう》にまつられ甘茶を掛けられる童子形の釈尊は、天地を指さす姿と「天上天下唯我独《てんじょうてんげゆいがどく》尊《そん》」の言葉とともに、私たちになじみ深い。

次に苦行《くぎょう》釈迦像が知られる。パキスタンのラホール中央博物館蔵の釈迦像（ガンダーラ彫刻）は、腹は落ちくぼみ、骨と皮だけにやせ細った釈尊が、結跏趺坐《けっかふざ》して禅定印《ぜんじょういん》を結ぶ姿で、断食苦行の様子をありありと伝えている。苦行によっては悟りを得られないと、苦行を止め山から下りてくる姿を表した出山《しゅっさん》釈迦図もある。この場面は、ことに禅宗で重視されてきた。

苦行を離れた釈尊は、ナイランジャラー河（尼連禅河《にれんぜんが》）のほとりで村の娘スジャータから供養を受け、やがて近くの菩提樹の下で禅定に入る。脅迫したり誘惑したりと邪魔をする魔神をしりぞけ、悟りの瞬間に到るが、誰が悟りを証明するのかと疑う魔神に対し、釈尊が右手を地に触れると、大地の神が現れ証人となったという。この場面は、指先を膝下へ垂らした触地印《そくちいん》を示す降《ごう》魔成道《まじょうどう》の姿として知られる。触地印は菩提心が堅固であることの象徴として、後に阿閦如来《あしゅくにょらい》に受け継がれることになる。

この他、先ほどの説法印をはじめ、衆生の恐れを取り除き、安心させて救うことを表す施無畏《せむい》印《いん》、人々に希望を与えることの象徴である与願印《よがんいん》など、四十年にあまる教化活動がそれを象徴する印を示すことで表現される。

そして最後に涅槃像が挙げられる。入滅のときを迎え、沙羅双樹《さらそうじゅ》の下で頭を北にして横たわった釈尊を、弟子や神々、動物たちが取り囲み悲嘆にくれる様子が表される。『平家物語』には「沙羅双樹の花の色は、盛者必衰《じょうしゃひっすい》の理《ことわり》をあらわす」という有名な一節があるが、沙羅双樹は、釈尊の入滅を迎えていっせいに葉の色が白く変わり、まるで鶴の林のようであったという。入滅の日とされる二月十五日には、日本各地の寺々で涅槃図が掲げられ、涅槃法要が行われる。涅槃法要の際に真言宗では、鎌倉時代の華厳宗《けごんしゅう》の高僧明恵上人《みょうえしょうにん》が釈尊入滅の昔を偲《しの》んで作成した四座《しざ》講式《こうしき》（涅槃・羅漢《らかん》・遺跡《ゆいせき》・舎利の各講式）を唱えることが多いが、そこには釈尊への思慕が熱く記されている。

◎釈尊を称《たた》える行事

釈迦如来の事績《じせき》にちなむ法会《ほうえ》としては、先の仏生会《ぶっしょうえ》、涅槃会《え》のほか、入滅を迎えた釈尊が弟子たちに最後の教えを説いた『遺教経《ゆいきょうぎょう》』を称える遺教会《え》、悟りを祝う成道会《え》などがあり、仏舎利の功徳を讃嘆する舎利会《え》（舎利講）も行われている。

◎釈迦如来（釈尊）の真言

「ノウマク　サンマンダ　ボダナン　バク」

3 三七日と四七日の仏

文《もん》殊《じゅ》菩《ぼ》薩《さつ》——三《さん》七《しち》日《にち》を守護する仏

◎智《ち》恵《え》の文殊

三七日をつかさどるのは文殊菩薩。文殊は文殊師利《もんじゅしり》の略称である。釈迦如来《しゃかにょらい》を中心に、両側に脇侍《わきじ》二尊を配置した釈迦三尊《しゃかさんぞん》の組み合わせは、釈迦如来に、①薬《やく》王《おう》・薬上《やくじょう》の二菩薩、②迦葉《かしょう》・阿難《あなん》の二弟子、③文殊・普賢《ふげん》の二菩薩などがある。

文殊菩薩（奈良・安倍文殊院蔵）

なかでもよく見られる文殊・普賢の場合には、文殊は智恵、普賢は修行を象徴した尊格である。三人よれば文殊の智恵ということわざもある。『般若経《はんにゃきょう》』の中で、文殊菩薩は般若の智恵を備えて、空《くう》の教えを説き明かす役割をになっている。また、『維摩経《ゆいまきょう》』では、在家《ざいけ》信者でありながら仏法の理解が深い維摩居士《ゆいまこじ》と、空や菩薩のあり方をめぐってレベルの高い議論を重ねるのが文殊菩薩である。『華厳経《けごんきょう》』でも、文殊菩薩は、主尊《しゅそん》である毘盧舎那仏《びるしゃなぶつ》に代わって説法する立場にある。さらに、『華厳経』「入法界品《にゅうほっかいぼん》」では、菩薩行《ぎょう》のあり方について真理を求める善財童子《ぜんざいどうじ》に対し、善知識《ぜんちしき》（指導者）を訪ねて教えを聴くように勧める文殊菩薩の姿がある。

文殊師利は、サンスクリット語のマンジュ・シュリーの音写で、マンジュとは「美しい」という意味、シュリーは「栄光ある」とか「幸いなる」ことを表し、合わせてマンジュシュリーは、「妙吉祥《みょうきっしょう》」と漢訳される。インドでは別名がいくつかあり、マンジュ・ゴーシャもその一つである。ゴーシャは声で、美しい声の持ち主という意味になる。妙音《みょうおん》菩薩と訳される。これは、歌がうまいとかいうのではなく、説法が巧《たく》みであるということを示す。『般若経』の中で、文殊菩薩は説法の達人として説かれている。空性《くうしょう》を背景にした般若の智恵を完全に備えて、巧みに仏法の教理を説く文殊菩薩の姿をたとえているわけである。

◎文殊と童子《どうじ》

また、文殊菩薩にはマンジュ・クマーラという別名もある。クマーラは童子、子供という意味であるから、美しい声の子供ということになる。『理趣経《りしゅきょう》』にも、文殊師利童真《もんじゅしりどうしん》（童子のように純真な文殊）という名前で現れ、文殊師利法王子《ほうおうじ》ともよばれる。

文殊菩薩が童子とみなされる由縁《ゆえん》は、子供が持っている純真さと、文殊の智恵が通じるものがあることから来ていると考えられる。子供は、誰に臆《おく》することなく、きれいなものはきれい、まずいものはまずい、王様が裸でいたならはっきりと裸だという（童話『裸の王様』）純真な心を持っている。それと同じく、真実をはっきりと見極め、決断する智恵を象徴しているのが文殊菩薩といえる。

◎智恵の剣

『般若心経秘鍵《はんにゃしんぎょうひけん》』の冒頭で、弘法大師空海《こうぼうだいしくうかい》は「文殊の利剣《りけん》は諸戯《しょけ》を絶《た》つ」と示している。快刀乱麻《かいとうらんま》を断《た》つという言葉があるが、文殊菩薩が持つ鋭い剣にたとえられるその智恵により、事物に対する愛着の心や、誤った考え方をすっぱり断ちきり、煩悩《ぼんのう》に苦しむ衆生《しゅじょう》を救い、覚《さと》りに至らしめるということである。

般若の智恵は図像にも現れている。文殊菩薩は右手に剣（智恵の象徴）を持ち、左手に持った蓮華《れんげ》の上に経典を載せている。この経典が『般若経』である。

文殊菩薩の真言は、「オン　アラハシャノウ」というが、サンスクリット語のアラパチャナが音韻《おんいん》変化したものである。アラパチャナは、『大般若経』『華厳経』などに説かれる般若空の思想、すなわち文殊菩薩の智恵を象徴した文字配列である。インドでは、アラパチャナという名前の文殊菩薩も知られる。アラパチャナ文殊は、日本の像と同じく、右手に剣をかざし、左手に経巻を載せている。

◎文殊の聖地

文殊菩薩の聖地は中国の五台山《ごだいさん》といわれる。『華厳経』に、文殊菩薩の聖地は北方の清涼山《しょうりょうせん》であるという記述があり、この山が五台山にあたるという信仰が生まれたという。不空《ふくう》（七〇五～七七四）がこの五台山に金閣寺《きんかくじ》を建て密教の中心にした。のちに、五台山の文殊信仰は、天台《てんだい》宗《しゅう》の円仁《えんにん》（七九四～八九四）によって日本にもたらされた。円仁は、中国大陸を徒歩旅行するという苦難の末に五台山へ参拝し、文殊菩薩が出現する奇瑞《きずい》を見て歓喜したという。

五台山形式の文殊菩薩があり、渡海《とかい》文殊像とよばれる。童子形の文殊菩薩が獅子に乗り、その脇に優填王《うでんおう》、最勝老人《さいしょうろうにん》、仏陀波利三蔵《ぶっだはりさんぞう》、善財童子《ぜんざいどうじ》という四人が伴《ともな》って、海を渡りインドから五台山へ来る様子を表したものである。

また、僧侶の姿の文殊菩薩もあり、「僧形《そうぎょう》文殊」とか「聖僧《しょうそう》文殊」とよばれる。聖僧文殊は「聖僧様《さま》」ともよばれ、禅宗では坐禅を行う僧堂に安置され、修行僧の理想像として信仰される。

また、童子のイメージを持つため、具体的に「稚児文殊《ちご》」という子供の姿としても表現される。髪を団子《だんご》のようにまとめたまげが、頭頂《とうちょう》に一つ、あるいは五つ、六つ、八つあり、五髻《ごけい》文殊、八髻《はっけい》文殊などとよばれる。童子という性格を示した特徴である。

◎文殊菩薩を観《かん》ずる功徳《くどく》

『文殊菩薩般涅槃経《はつねはんぎょう》』には、文殊菩薩を観想《かんそう》し礼拝供養《らいはいくよう》することの功徳が説かれる。文殊菩薩の姿を念じ、礼拝供養するものは文殊菩薩に守護されるという。チベット仏教のツォンカパ（一三五七～一四一九）は、瞑想の中で文殊菩薩から経典の深い意味を教わったという伝説がある。

また注目すべきは、この経典中の、

「人が功徳を積みたいと願ったならば、（文殊菩薩が）みずから貧しく孤独で生活に困った苦悩する衆生の姿を現して行者の前に現れよう、文殊菩薩を見ることを願うのであれば慈悲の心でいなければならない、慈悲心を修行するものは文殊菩薩を見ることができる」

という文章である。この教えに従って文殊会《え》という法会《ほうえ》が営まれ、鎌倉時代には、真言律宗《しんごんりっしゅう》の叡尊《えいそん》と忍性《にんしょう》が、ハンセン氏病をはじめ苦悩する衆生に限りなく施《ほどこ》す無遮大会《むしゃだいえ》を営《いとな》んだ。苦悩の人々を援助することは、そのまま生きた文殊菩薩を供養することだという信仰に基づいたものだったのである。

◎文殊菩薩の真言

「オン　アラハシャノウ」

普賢菩薩《ふげんぼさつ》——四七日《ししちにち》を守護する仏

◎普賢菩薩の象

四七日を迎えて普賢菩薩の前へ進む。

文殊菩薩が獅子に乗るのに対して普賢菩薩は象に乗る。百獣の王、獅子（ライオン）は、ひとたび吼《ほ》えると他の動物は恐れて黙ってしまうという。釈尊の説法も、魔物や誤った考えを持つ者たちを沈黙させるため、ライオンにたとえて「獅子吼《ししく》」とよばれる。文殊菩薩が智恵の教えを説けば、その雄弁に何者も対抗できないため、釈尊同様に、その力を獅子に象徴させたと考えられる。

一方、普賢菩薩の象は、何ものにも動じることなく進んでいく強い力を表示している。普賢菩薩が乗る白象《びゃくぞう》は六本の牙を持つが、これは、布施《ふせ》・持戒《じかい》・忍辱《にんにく》・精進《しょうじん》・禅定《ぜんじょう》・智恵《ちえ》の六波羅蜜《ろくはらみつ》を象徴したものとされる。象は、六波羅蜜行《ぎょう》に尽きる菩薩道を力強く歩む普賢菩薩にふさわしい動物といえる。

普賢菩薩

普賢菩薩が持つ修行の原型イメージは、釈尊の説話《せつわ》に見いだされる。釈尊は、「ジャータカ（本《ほん》生譚《じょうたん》）」で伝えられるように、いくたびも繰り返した過去世の中で、衆生を救う勝《すぐ》れた修行を積み重ねてきたという。前世でウサギとなったとき、バラモン僧に布施する物を持っていないために、自ら火の中に飛び込んで肉を与えようとした話もその一つである。シビ王という王様となり、盲目のバラモン僧に自らの眼を取り出して与えた説話も知られる。

普賢菩薩は、このような釈尊の行を象徴した尊格であり、衆生済度《しゅじょうさいど》の菩薩行を修する者の理想像ということができる。ちなみに普賢は、サンスクリット語のサマンタ・バドラの訳語で、「すべての方面において勝れている者」という意味を持つ。

◎普賢の行願《ぎょうがん》

『華厳経《けごんぎょう》』「入法界品《にゅうほっかいぼん》」(『普賢行願品』)では、文殊菩薩に勧められた善財童子が、比丘《びく》や菩薩、医者、仙人、天神、地神、在家仏教信者、遊女、童子、童女など、様々な立場の五十三人の人々を訪ね、その一人一人からそれぞれの教えを授かる。最後に普賢菩薩を訪ねた善財童子に対して、衆生が理想世界に生きるため、絶《た》え間《ま》なく終わりのない行を続けるべきことを普賢菩薩が説く。それは次の十大願で、「普賢の行願」とよばれる。

一、常に諸仏を敬うこと(礼敬諸仏《らいきょうしょぶつ》)

二、常に諸仏の徳を称《たた》えること(称讃如来《しょうさんにょらい》)

三、常に諸仏に広く供養《くよう》すること（広修供養《こうしゅくよう》）
四、常に自らの悪業《あくごう》を懺悔《さんげ》すること（懺悔業障《ごっしょう》）
五、常に諸仏・諸菩薩の功徳を喜ぶこと（随喜《ずいき》功徳）
六、常に諸仏が教えを説かれるよう請願《せいがん》すること（請転法輪《しょうてんぼうりん》）
七、常に諸仏がこの世に止《とど》まるよう請《こ》うこと（請仏住世《しょうぶつじゅうせ》）
八、常に仏に従って学ぶこと（常随仏学《じょうずいぶつがく》）
九、常に衆生に従い、様々に供養すること（恒願衆生《ごうがん》）
十、以上の行により生まれる功徳を、ことごとく衆生に回向《えこう》すること（普皆回向《ふかい》）

『華厳経』「普賢行願讃」では、普賢菩薩はこの修行を続けることにより、衆生とともに煩悩《ぼんのう》を無くして覚《さと》りに至るという誓願を立て、やがては、極楽浄土《ごくらくじょうど》へ往生《おうじょう》し、如来となって一切の衆生界を救おうと誓ったと説かれる。

「虚空《こくう》世界が尽き、衆生及び業《ごう》と煩悩の一切が尽きるようなことはないゆえに、我が願いは恒《つね》に尽きることがない」

と説いた普賢菩薩の言葉は、弘法大師空海が晩年に高野山で万灯万華《まんどうまんげ》の法要を行った際の願文《がんもん》に、

「虚空尽き、衆生尽き、涅槃尽きなば、我が願いも尽きん」と引用されて、よく知られる。

『華厳経』が説く無限の世界観と普賢の行願は、大乗仏教でたいへん重要視された。東海道五十三次も、善財童子の求法《ぐほう》の旅になぞらえたものともいわれる。

菩薩行の理想という性格からか、密教では、普賢菩薩を菩提心《ぼだいしん》の象徴とみなした。そして、衆生の菩提心の本体というべき金剛薩埵《こんごうさった》を普賢菩薩と同一尊とみなして、普賢金剛薩埵と呼んだ。

また、普賢菩薩には延命《えんめい》の功徳があるとされ、一般の普賢菩薩のほかに、普賢延命菩薩という形で信仰をあつめている。

◎『法華経《ほけきょう》』と普賢菩薩

普賢菩薩は『法華経』でも重要な役割を果たしている。『法華経』の最終章「普賢菩薩勧発品《かんぼっぽん》」では、法華《ほっけ》の信者の前に六牙《ろくげ》の白象《びゃくぞう》に乗って現れ、法華の教えと信者を守護すると説かれる。

また、龍女成仏《りゅうにょじょうぶつ》の説話に見られるように、『法華経』は女人成仏《にょにんじょうぶつ》を説く経典であるところから、『法華経』の守護尊である普賢菩薩に対する女性の信仰が盛んになった。ここから、普賢菩薩自身も女性に劣らぬ美貌《びぼう》を持つと信じられている。

平安時代の天台宗の僧で、書写山圓教寺《しょしゃざんえんきょうじ》を開創した性空《しょうくう》（九一〇～一〇〇七）は『法華経』の篤《あつ》い信者であったが、生身の普賢菩薩に会いたいと祈願したところ、夢のお告《つ》げで、ある遊里《ゆうり》の白拍子《しらびょうし》が普賢菩薩の化身であると知った。訪ねたところ、舞い踊る女性がやがて白象に乗る普賢菩薩の姿となり、空へ飛び去ったという伝説がある。これは、篤信《とくしん》の信者の前には普賢菩薩が出現するという『法華経』の教えを背景としたものであろうが、『華厳経』「入法界品」に説かれる五十三人の善知識のうちに遊女が登場するのと無関係ではないと考えられる。

なお『法華経』には、普賢菩薩の眷属《けんぞく》であり、『法華経』の守護神として、藍婆《らんば》・毘藍婆《びらんば》ほかの十羅刹女《じゅうらせつにょ》が説かれる。鬼女であるが、唐風《とうふう》・和風《わふう》の衣裳をまとった穏やかな天女の姿で表現されることが多い。

◎普賢菩薩の真言

「オン　サンマヤ　サトバン」

4 五七日と六七日の仏

地《じ》蔵《ぞう》菩《ぼ》薩《さつ》——五《ご》七《しち》日《にち》を守護する仏

◎生活に密着した地蔵信仰

五七日、地蔵菩薩が登場する。

数多くの仏さまのなかで、私たちに最もなじみ深いのは地蔵菩薩に違いない。もちろん、寺の堂内でまつられ信仰を集めている場合も多いが、それ以上に、田畑のあぜや街路の脇、民家の前などに安置された地蔵菩薩の石像は、人々の生活にとけこみ、日常的で素朴な祈りの対象となっている。

全国に見られる通称名からも、いぼ地蔵、米つき地蔵、塩なめ地蔵、味噌《みそ》なめ地蔵、乳地蔵など、生活に密着した地蔵菩薩の信仰がうかがえる。

これほどまでに民間に定着した理由の一つに、道祖神《どうそじん》との習合《しゅうごう》が指摘されている。道祖神は、塞神《さえのかみ》ともよばれ、悪鬼などをさえぎるとされる神である。村落共同体へ疫病《えきびょう》や災難、悪霊などが入ってくることを防止するために、村の境《さかい》や峠《とうげ》などに祀《まつ》られる。信州安曇《あずみ》野《の》が有名だが、全国各地に、文字碑や丸石、男女二神像などの道祖神が

地蔵菩薩（京都・随心院蔵）

見られる。地蔵菩薩も同様に、村はずれや峠などで見かけることも多い。地蔵菩薩は冥界《めいかい》で亡者を守るとされることから、一方は冥界と現世、もう一方は村落の内部と外部という、どちらも境界の守護者という意味で地蔵菩薩と道祖神との共通点があり、イメージが重なって信仰の発展につながったと考えられている。

◎冥界を守るほとけ

冥界の守護者としての性格は、地蔵菩薩を説く経典に現れている。

『地蔵菩薩本願経《ほんがん》』では、地獄に堕ちた母を助ける女性（地蔵菩薩の化身）の説話があり、また、地獄の衆生《しゅじょう》を救う地蔵菩薩の誓願《せいがん》が説かれる。

『地蔵菩薩発心因縁十王経《ほっしんいんねんじゅうおう》』は、本書・第二部「① 十三仏を知るために」でも示したように、冥土《めいど》で亡者を裁く十王と、その本地《ほんじ》である仏菩薩を記した経典であるが、経題のとおり、五七日閻魔法王《えんまほうおう》の本地として地蔵菩薩が説かれ、衆生を救う地蔵菩薩の十二の誓願が説かれる。飢渇《きかつ》や殺生《せっしょう》、短命、病気、貧困などを救うという誓願は、他の尊格《そんかく》とも共通する、大乗仏教の菩薩として一般的なものであるが、地蔵菩薩に特徴的なものとして、地獄において衆生の苦しみを代わって受ける（代受苦《だいじゅく》）という誓願があり、地蔵菩薩信仰の大きな背景となってきた。

地獄に行った人が、衆生の苦しみを引き受けて地獄の猛火に焼かれる地蔵菩薩の姿を見たという話は、多くの説話集に説かれ、また各地の寺院で霊験譚《れいげんたん》として残る。また、『地蔵菩薩本願経』では、多くの地獄にその身を現して衆生を救う地蔵菩薩と、限りない衆生のために、無数の分身を現して救うという地蔵菩薩の誓願が説かれる。多くの地蔵尊像を集合した千体地蔵という造型があるが、この経典が背景になっていると考えられる。

◎大地の徳の象徴

地蔵という名称からも知られるように、大地と縁の深い尊格で、サンスクリット名のクシティ・ガルバは「大地を自分の蔵《くら》とする者」を意味している。

大地との関連について、『地蔵菩薩霊験記《れいげんき》』（実睿《じつえい》　十一世紀）には、「大地が遙《はる》かな昔から万物を生み出して、嫌がったり疲れたりすることがないように、地蔵菩薩は、すべての衆生に大慈悲で接することに疲れたり飽きたりすることなく、あまねく利益《りやく》を施《ほどこ》す。また、大地は鉱石や作物、樹木などあらゆる宝を生み出して、決してそのはたらきが尽きることがない。同様に、地蔵菩薩は無限の功徳を生み出し、衆生を救って、そのはたらきが決して尽きることがない」と説かれ、『延命《えんめい》地蔵菩薩経直談鈔《じきだんしょう》』（必夢《ひつむ》　一六九七）には、「大地はどれほどの高山を載せても沈んでしまうことはなく、深い海の水を湛《たた》えても漏らすことはない。これと同じく、地蔵菩薩は大慈悲心で衆生を救う力に勝《すぐ》れ、衆生の罪が山のように積もっていようとも、それを憐《あわ》れんで、決して見捨てることはない」と説かれる。大地に対する畏敬の念が、地蔵菩薩の起源となっていることがわかる。『十輪経《じゅうりんぎょう》』にも、地蔵菩薩があらゆる草木を繁茂《はんも》させるという功徳が説かれ、大地のはたらきが背景にあることが知られる。

日本で選述《せんじゅつ》された経典で、地蔵信仰興隆の要因ともなった『延命地蔵経』では、安産・身体健康・病気平癒《へいゆ》・長寿ほかの十種の福徳《ふくとく》が明かされ、『十王経』と同じく、代受苦の誓願が説かれる。衆生が生きている間はさまざまな災難から守護し、死後は、たとえ地獄へ堕ちることになっても代わって救うと説く地蔵菩薩の言葉はまことに力強く頼もしい。

◎宝珠《ほうじゅ》と錫杖《しゃくじょう》を持つ僧形《そうぎょう》

地蔵菩薩は他の尊格と異なり、頭を丸め袈裟《けさ》を着けた僧の姿をしている。『十輪経』に、五濁《ごじょく》悪世《あくせ》の中で声聞《しょうもん》の姿（僧形）を取って現れ救いを与えると説かれることに由来する。

地蔵菩薩は、左手に宝珠を捧げ持ち、右手に錫杖を執《と》る姿がよく知られる。『十輪経』では、「地蔵菩薩は、如意《にょい》宝珠が多くの財宝を降らせるように、人々の願いに随《したが》って、それぞれを満足させる」と、大慈悲にもとづく救済を宝珠にたとえている。また錫杖は、もと、修行僧が野山を行くときに、振り鳴らして害虫を追い払ったりすることなどに用いられた、旅の僧が持つ法具《ほうぐ》という性格がある。巡錫《じゅんしゃく》、飛錫《ひしゃく》など、現在でも僧の遍歴を意味する言葉として用いられている。このように、錫杖は活動性を示すもので、どこにでも出現して衆生を救済する地蔵菩薩のはたらきを象徴していると言える。

　墓地などでよく見かける六地蔵は、『地蔵菩薩本願経』で説かれることに基づくが、地獄・餓鬼・畜生・修羅・人・天の六道《ろくどう》それぞれを担当して、地蔵菩薩が分身することを示すものである。平安時代の公家《くげ》、小野篁《おののたかむら》が、昼夜に朝《ちょう》廷《てい》と冥府《めいふ》の役人を務めたという伝説から生まれたものに京都市の六地蔵信仰があり、後に、江戸でも六地蔵がまつられた。

六地蔵の石像

◎地蔵菩薩の真言

「オン　カカカ　ビサンマエイ　ソワカ」

弥《み》勒《ろく》菩《ぼ》薩《さつ》——六《ろく》七《しち》日《にち》を守護する仏

◎五十六億七千万年

弥勒菩薩は六七日をつかさどる。

弥勒という名前は、サンスクリット語のマイトレーヤを音写《おんしゃ》したもので、「慈悲深い者」を意味する。漢訳して慈氏《じし》菩薩ともよばれる。未来仏《みらいぶつ》として知られ、釈尊滅後、五十六億七千万年後に現れて衆生を救うとされる。

光速に近い速さで飛ぶロケットとこちらの世界では、時間の流れが違うと相対性理論《そうたいせいりろん》は説くが、

弥勒菩薩

それと似て、インドでは、この世と天界、また地獄などでは時間の流れる速さが異なると考えた。

弥勒菩薩は、人間界に出現するまで兜率天《とそつてん》という天界にいて、寿命が尽きた後に人間界に生まれるのだが、兜率天の一昼夜が人間界の四百年に当たるという。なおかつ、兜率天に住む神々や菩薩の寿命は四千年とされる。一年を三百六十日として、四千×三百六十×四百の五億七千六百万年が、兜率天に住む弥勒菩薩の寿命を人間界時間に換算した年数になる。この数字が取り違えられて五十六億七千万になったようだ。

◎下生《げしょう》信仰と上生《じょうしょう》信仰

ともあれ、弥勒菩薩が遠い未来にこの世界に現れることを弥勒下生という。このとき弥勒菩薩は、花林園《けりんおん》に茂る龍華樹《りゅうげじゅ》の下で悟りを開く。そして、三回の説法の機会を設《もう》けて、あらゆる衆生を救うのだと説かれる。これを龍華三会《りゅうげさんね》といい、釈迦如来の教えで救われなかった者たちが、すべて救済されるという。「龍華三会の暁《あかつき》」という慣用句があり、古来から、弥勒下生のときに生まれ、龍華三会の暁に弥勒菩薩の説法の場に列して、救いを得たいという信仰が行われた。これを下生信仰という。

一方で、自分自身が現在弥勒菩薩が住《じゅう》するとされる兜率天へ生まれ（兜率往生《おうじょう》）、弥勒菩薩の説法を聴聞《ちょうもん》し、下生の時まで弥勒菩薩とともに兜率天で修行したいと願う上生信仰もある。弘《こう》法大師空海《ぼうだいしくうかい》は『御遺告《ごゆいごう》』のなかで、亡くなった後には必ず兜率天の弥勒菩薩のもとに往生すると記している。これを受けて、真言宗《しんごんしゅう》の僧侶や信者の間で、死後は兜率天に往生して弥勒菩薩の救いを願うとともに、生身《しょうしん》の弘法大師を拝して導きを得たいとする信仰が生まれた。弥勒上生信仰と弘法大師信仰とが複合された信仰形態である。

◎世直しの思想

下生信仰では、弥勒下生を末法《まっぽう》の世を救う世直しととらえる動きもあった。五十六億七千万年後の未来ではなく、近い将来に弥勒下生があると考え、それに合わせてこの世界を変革しようという性格を持っている。

中国では、唐《とう》の高宗《こうそう》（六二八～八三）の皇后《こうごう》であった則天武后《そくてんぶこう》（六二三？～七〇五）が、自らを弥勒菩薩の再来であるとし、高宗没後に国号を唐から周《しゅう》に改め女帝となった。そして、地名、官名、暦法《れきほう》などを改変、新しい文字を作るなどして、新時代への変革を試みた。

また、元《げん》から明《みん》、清《しん》の時代に白蓮教徒《びゃくれんきょうと》の乱があったが、これも下生信仰と関係がある。南宋《なんそう》の時代に生まれた白蓮教は、もともと阿弥陀信仰を中心とする教義であったが、元の時代に弥勒信仰と結びついた。下生信仰の性質から、世直しを求める反体制的な集団となり、元王朝の打倒をめざした。やがて紅巾《こうきん》の乱を起こして元を倒し、明が建国することとなる。その後、十八世紀末から十九世紀初頭の清の時代にも白蓮教は大反乱を起こし、清朝を衰退させる一因となった。

◎埋経《まいきょう》と四十九院《しじゅうくいん》

日本でも、平安時代には奈良吉野《よしの》の金峯山《きんぷせん》が弥勒下生の地であると見なされ、龍華三会の暁に備えて、経典や仏具を土中に埋める埋経が行われた。埋めた場所は経塚《きょうづか》とよばれる。左大臣藤原道長《さだいじんふじわらのみちなが》（九六六～一〇二八）が金峯山（山上ヶ岳《さんじょうがたけ》）に紺紙金泥《こんしきんでい》の経巻《きょうかん》が入った経筒《きょうづつ》を納めたのは有名で、後に経塚は各地で作られるようになった。弘法大師信仰と結びついた高野山への埋経も知られる。また、戦国時代に弥勒の私年号《しねんごう》が用いられたことがあったが、これも下生信仰に基づいたもので、ユートピアを目指したものと考えられる。

なお、弥勒菩薩が住まいする兜率天の内院《ないいん》は、次に人間界に如来として生まれる菩薩が住む所であり、誕生前の釈尊も住んだという。ちなみに外院《げいん》は神々の住まいとされる。内院には、四十九院（宮殿）があり、これになぞらえ、奈良時代に行基《ぎょうき》（六六八〜七四九）は各地に四十九ヶ寺を建立《こんりゅう》したと伝えられる。また、四十九院のそれぞれの名称を記した卒塔婆《そとば》を墓地に建てる先祖供養の儀礼も見られる。

◎迦葉《かしょう》の仏塔《ぶっとう》

弥勒菩薩の図像の特徴としては塔がある。

インドの石像例としては、塔が描かれた宝冠をかぶった像（十一世紀）が見られ、日本の像にも冠に塔を着けた例（平安時代）が知られる。冠に表現するだけではなく、手に載せる図像もある。

塔の意味について、『弥勒大成仏経《だいじょうぶつ》』では次のように説かれる。

弥勒菩薩は龍華三会の説法の後、弟子を率いて鶏足山《けいそくせん》に登る。鶏足山は、ブッダガヤの南東にそびえる山で、釈尊の十大弟子の一人である摩訶迦葉《まかかしょう》が入定《にゅうじょう》しているという。山頂で弥勒菩薩が香油《こうゆ》を注《そそ》ぎ合図をすると、摩訶迦葉は禅定《ぜんじょう》から目覚める。そして、弥勒菩薩に対し衣を差し

弥勒菩薩の半跏思惟増（大阪・野中寺蔵）

出す。この衣は、釈尊が涅槃《ねはん》に臨《のぞ》むとき、将来、弥勒菩薩に渡すようにと摩訶迦葉に託したものだった。摩訶迦葉はその後、弥勒菩薩に別れを告げ、霊鷲山《りょうじゅせん》に帰り涅槃に入ったという。

弥勒菩薩の塔は、摩訶迦葉の仏塔を意味しており、弥勒菩薩が文字通り釈尊の衣鉢を継ぐべき存在であることを象徴したものである。

奈良時代以前の像には、朝鮮半島の影響を受けた半迦思惟像《はんかしゆいぞう》が見られ、中国では、布袋和尚《ほていおしょう》が弥勒菩薩の化身とされることから、布袋像を弥勒菩薩として祀ることが多い。

◎弥勒菩薩の真言

「オン　マイタレイヤ　ソワカ」

5

七七日と百ヶ日の仏

薬《やく》師《し》如《にょ》来《らい》——七《しち》七《しち》日《にち》を守護する仏

◎四十九日の願い

四十九日＝七七日を迎え、満中陰《まんちゅういん》の法事を修して、葬儀からの儀礼はひとまずの区切りとなる。七七日の守護仏は薬師如来である。薬師如来が七とか四十九という数字と関係が深いのは、『薬師如来本願功徳経《ほんがんくどくきょう》』の中に、

「衆生《しゅじょう》が病気の苦しみから逃れたいと願うのなら、七体の薬師如来像を造り、それぞれの前に七つの灯火を置いて四十九日間絶《た》やさず、この経典を唱えよ」

という記述があることにもよる。〝七仏薬師《しちぶつ》〟という信仰もここから生まれた。中陰が終わる四十九日にあたり、薬師如来の導きにより亡者の苦しみがすべて消え去ることを願うのである。

◎瑠璃色《るりいろ》の光

薬師如来は、正式名を薬師瑠璃光王如来《やくしるりこうおうにょらい》という。薬師は、文字通り薬の先生という意味で、医薬に精通した人をさす。瑠璃は、ラピスラズリのこと。ラピスラズリはサンスクリット語でヴァイドゥーリヤといい、この言葉の音写語が吠瑠璃《べいるり》とか毘瑠璃《びるり》で、略されて瑠璃となった。瑠璃光王如来、すなわち青色の光を放つ仏さまということになる。

薬師如来の浄土は浄瑠璃《じょうるり》世界というが、インドの人々は、夜明け前の東方の瑠璃色の空の下、すべてのものが新鮮で清められている澄んだ空気の中に清らかな薬師如来の浄土を想像したに違

いない。

　私たちもご来光《らいこう》を拝む習慣を持っているが、朝の光と清澄《せいちょう》な大気は身心をリフレッシュさせてくれる。苦しみを癒《い》やす薬師如来の功徳は、瑠璃光という言葉からも類推されるように、早朝の東方の輝きに象徴されるものであろう。

薬師如来
（京都・浄瑠璃寺蔵）

◎十二大願

『薬師如来本願功徳経』には、薬師如来の誓願《せいがん》に、次の十二種があると説かれる。

一、光明照耀《こうみょうしょうよう》　薬師如来の光明によって無数の世界を照らし、すべての衆生も悟りを開いて自分と同じ姿になりますようにとの願い。

二、身如瑠璃《しんにょるり》　薬師如来の身体が瑠璃のように清らかで功徳がそなわり、光輝いて、その光によって暗闇にいる衆生が照らされ、願いがかなうようにとの誓い。

三、受用無尽《じゅゆうむじん》　薬師如来の智恵と手だてで、あらゆる衆生が尽きることなく心の宝や物資を得て乏《とぼ》しいということがないようにとの願い。

四、大乗安立《だいじょうあんりゅう》　衆生を大乗《だいじょう》の道へ導くという願い。

五、三聚具足《さんじゅぐそく》　三聚とは、三聚浄戒《じょうかい》といい、良いことをなし、悪い行いをやめ、他人を助けるという三種の戒のこと。すべての者がこの戒を具《そな》えるように、そしてまた、もし破ることがあっても、薬師如来の功徳でその罪が消えるようにとの願い。

六、諸根具足《しょこんぐそく》　衆生が身体に障害を持っていたり、さまざまな病気に苦しんでいたとしても、薬師如来の功徳によって、その障害や病気がなくなるようにとの願い。

七、衆患悉除《しゅげんしつじょ》　人々が病気になり助けてくれる人もなく、医者も薬もなく、家も家族もなく、貧しく苦しい生活であったとしても、薬師如来の功徳によって病気がなおり、家族や財産にも恵まれ、やがて悟りに至りますようにとの願い。

八、転女成男《てんにょじょうなん》　女性が女性であるために苦しみ、その身体を厭《いと》うならば、男になってやがては悟りを得るようにという願い。

九、安立正見《あんりゅうしょうけん》　誤った考えを持った者たちを正しい思想に導こうという願い。

十、繋縛解脱《けばくげだつ》　人々が捕えられ、縛られむち打たれ、牢獄につながれるなどの苦しみを受けても薬師如来の福徳《ふくとく》の力によって救われるようにとの願い。

十一、飢饉安楽《ききんあんらく》　飢えに苦しむ衆生が食物を得ることができるようにとの願い。

十二、衣服厳具《えぶくごんぐ》　貧しさのゆえに衣服がなく暑さ寒さに苦しみ、害虫になやまされていたとしても、薬師如来の力によって満足させようという願い。

病気平癒《へいゆ》を願う仏さまとして信仰を集めたのは、このうち、第六願と第七願によるところが大きいが、たとえ障害があっても、人それぞれに社会や家庭で才能を発揮し役割を果たしている。第六願は、私たち一人一人がかけがえのない存在として、輝いて生きていけるようにとの願いと受け止めたい。

第七願についても、個人的な病気のみならず、家庭や組織、国家、世界が混乱しているのは、ある意味で病気ということであり、薬師如来が病気を癒やすという誓願は、広く社会全体に対する働きかけともいえる。鎮護《ちんご》国家を祈って、奈良時代に建立された各地の国分寺は、ほとんど薬師如来を本尊としている。

第八願も、必ずしも男性の優位を意味しているのではなく、人々が男女の違いを超えて活躍するようにとの願いと言える。

◎脇侍《わきじ》と十二神将《じゅうにしんしょう》

薬師如来の脇侍は、日光菩薩《にっこうぼさつ》と月光菩薩《がっこうぼさつ》である。その名の通り、太陽と月を象徴した尊格で、昼夜を分かたず、薬師如来のはたらきを助けるという。また、日光菩薩は、太陽のように輝いて衆生の煩悩《ぼんのう》の闇を消し去り、月光菩薩は、煩悩を滅した静かな境地を月光にたとえたとする解釈もある。

この他、眷属《けんぞく》として十二神将（宮毘羅《くびら》大将・伐折羅《ばさら》大将・迷企羅《めきら》大将・安底羅《あんちら》大将・頞儞羅《あにら》大将・珊底羅《さんちら》大将・因達羅《いんだら》大将・波夷羅《はいら》大将・摩虎羅《まこら》大将・真達羅《しんだら》大将・招杜羅《しょうとら》大将・毘羯羅《びから》大将）がいる。十二神将は、薬師如来の信者と薬師如来の浄瑠璃世界を守る守護神である。

十二という数は、もちろん十二大願に基づいているが、十二神将は、それぞれ十二支や十二ヶ月、十二時などの時間と結び付けられ、休むことなく守護するともされる。また、子《ね》神、丑《うし》神などともよばれ、頭部に干支の動物の冠をつけた像も見られる（本書・第一部「集合尊」の項参照）。

◎薬師如来の真言

「オン　コロコロ　センダリ　マトウギ　ソワカ」

観音菩薩《かんのんぼさつ》——百ケ日《ひゃっかにち》を守護する仏

◎補陀落《ふだらく》

古くからインドでは、観音菩薩の聖地は、インド南端の海岸にあるポータラカ山と信じられていた。ポータラカという語は観音菩薩の浄土を示すものとされ、各地でポータラカになぞらえた霊場が生まれた。たとえば、チベット仏教で観音の化身とされるダライラマの、ラサにおける本来の住まいはポタラ宮とよばれる。中国では、観音の浄土として、舟山《しゅうざん》列島に普陀山《ふださん》がある。

ポータラカは補陀落（普陀落）と音写《おんしゃ》されるが、日本では、和歌山県那智山《なちさん》を補陀落浄土、あるいはその東門とする信仰があり、補陀落浄土への往生をめざして、捨身の船出をする補陀落渡海が平安時代から江戸時代まで行われていた。ポータラカ山は八角の形状をしているとされ、西《さい》国《こく》観音霊場第九番の奈良興福寺南円堂《こうふくじなんえんどう》の形はこれを模しているという。

◎観世音《かんぜおん》と観自在《かんじざい》

観音菩薩には、観世音と観自在という二つの名前がある。『法華経《ほけきょう》』「観世音菩薩普門品《ふもんぼん》」（『観音経』）では観世音とよばれ、『般若心経《はんにゃしんぎょう》』には観自在という名前で現れる。サンスクリット語の原名に、わずかに異なる二種があることと、経典の訳者が違う（『観音経』は鳩摩羅什《くまらじゅう》、『般若心経』は玄奘《げんじょう》）ため、二つの訳語が生まれた。

観音菩薩は、多くの尊格《そんかく》の中でもことに慈悲深く、衆生を救済するということから「大悲者《だいひしゃ》」ともよばれるが、観世音という名前は、世間の衆生の苦しみの声、救いを求める声をよく観じ、聞いて下さるという意味をもつ。また、観自在は、衆生の声を観じることにおいて自在である者という意味である。声を観じるとは違和感があるかもしれないが、私たちが苦悩の淵《ふち》で、声を出して「南無大慈大悲観世音菩薩《なむだいじだいひかんぜおんぼさつ》」と称《とな》える（唱える）こともかなわず、ただ合掌《がっしょう》し心中で念じる場合でも、心の声をよく聞き届けてくれるという意味で、観音菩薩の大慈悲を象徴した言葉であ

観音菩薩は「慈悲の仏」である。
（写真は秩父観音霊場四番・金昌寺境内の観音像）

るといえる。

『観音経』は、釈尊の説法の場にいた無尽意菩薩《むじんにぼさつ》が釈尊に、観音菩薩はどういう理由で観世音と呼ばれるのかと問いかけることから始まる。これに対し釈尊は、限りない衆生が、苦悩のなかで観世音菩薩に救いを求め、観世音菩薩の名号《みょうごう》を称《とな》える（唱える）ならば、観音菩薩は、ただちにその音声《おんじょう》を観じて救済するところから観世音と名付けられたと答える。

『観音経』では、苦悩の内容について、具体的に火難《かなん》・水難《すいなん》・風難《ふうなん》ほかの七難あるいは十二難を挙げ、衆生がそれぞれの災難に出会ったとき、観音菩薩に帰依《きえ》し名号を称えるならば、災難から逃れられることが説かれる。なお、災難の内容につき、火難・水難などを文字通りに取る解釈と、たとえとする解釈とがある。たとえと見る立場では、火難は、燃え盛る怒りの煩悩の火、水難は、心を溺《おぼ》れさせ身を破滅に導く愛着煩悩の水ととらえる。煩悩を七難や十二難にたとえたものとするのである。

◎普門示現《ふもんじげん》

『観音経』の正式名にある「普門」とは、あらゆる方向という意味で、観音菩薩の救済がすべての衆生に及ぶことを示している。

救いを求める衆生に対し、観音菩薩は、それぞれに最もふさわしい姿を取って現れ導くことが『観音経』に説かれる。たとえば、仏身《ぶっしん》を現して導くのがよければ仏身となって説法し、僧侶の姿がふさわしいなら僧となるという。そのほか、在家信者や、神々、バラモン、女性など、全部で三十三種類の姿をとるとする。中には童男童女《どうなんどうにょ》の姿もあり、私たちが普段の生活の中で、子供の言葉やしぐさに救われるのは、ある瞬間、観音菩薩が子供の姿として現れているのかもしれないと思う。

この三十三という数字から、中国では楊柳《ようりゅう》観音・龍頭《りゅうず》観音などの三十三観音が考案され、日本では、三十三ヶ所の観音霊場が生まれた。

◎六観音

観音菩薩は多種の姿に変化《へんげ》すると経典で説かれることから、非常に変化形《へんげぎょう》が多いのが特徴である。中国起源の三十三観音もその一つだが、日本では、聖《しょう》観音・千手《せんじゅ》観音・十一面《じゅういちめん》観音・如意輪《にょいりん》観音・馬頭《ばとう》観音・准胝《じゅんてい》観音の六観音がよく知られる。なお、天台《てんだい》系は准胝観音に替えて不空羂索《ふくうけんじゃく》観音を入れる。六地蔵と同じく六道《ろくどう》に配当され、地獄から天界まで、それぞれの世界の衆生を救うとされる。

中でも十一面観音は、普門示現の徳を造形的に表現したもので、東西南北の四方、東北などの四隅、それに上下の、合わせて十方向（すべての方向）に顔を向けることを示すため十の顔をつけ、本来の顔と合わせて十一面となる（本来の顔以外に十一面を作る作例もある）。

千手観音は、衆生を救うための道具として数珠《じゅず》や宝珠《ほうじゅ》などさまざまなものを持つ。また、手のひらにそれぞれ眼があり、衆生を見守るとされる。実際に千本の手をつけた作例もあるが、四十二手の像も多く見られる。

馬頭観音は馬頭明王《みょうおう》ともよばれ、唯一、恐ろしい姿である。観音菩薩の力を馬の強さに例えたとも、馬が牧草を食べるように、煩悩を食べ尽くすともいう。

准胝観音は、准胝仏母《ぶつも》ともいい、仏菩薩の母とされる。

如意輪観音は、「意のままに現れて衆生を救う」ということから、輪を転がすように随所《ずいしょ》に現れることを示す法輪と、願いをかなえる宝珠を持つ。

不空羂索観音の羂索は鳥獣《ちょうじゅう》を捕える縄のことで、狩人が獲物《えもの》を確実に捕えるように、大慈悲の功徳で衆生が確実に救われることを示している。

最後に聖観音は、多くの変化観音の原型ともいうべきもので、平安期以降の密教《みっきょう》系作例では、左手に少し開いた蓮華を持ち、右手を添える姿をとる。衆生の仏性《ぶっしょう》を大慈悲で開かせようとする意味を示したものとされる。

（なお千手観音・十一面観音・馬頭観音については、本書・第一部「密教独特の菩薩」の項も参照のこと。）

◎観音菩薩の真言

「オン　アロリキャ　ソワカ」（聖観音の真言）

6

一周忌と三回忌の仏

勢《せい》至《し》菩《ぼ》薩《さつ》——一周忌《いっしゅうき》を守護する仏

◎大いなる力

勢至菩薩

一周忌の守護仏は勢至菩薩である。勢至菩薩はまた、大《だい》勢至菩薩、得大勢《とくだいせい》菩薩ともよばれる。

大勢至とは、サンスクリット名のマハー・スターマ・プラープタの訳語で、マハーは「大」、スターマは「力」とか「強さ」、プラープタは「得た」を意味し、合わせて、「大いなる力を得た者」となる。

『観無量寿経《かんむりょうじゅきょう》』に阿弥陀如来《あみだにょらい》と極楽浄土《ごくらくじょうど》の観想《かんそう》の仕方が説かれる中、第十一観として勢至菩薩を思い描く場面があるが、そこには、「智恵の光をもって普《あまね》く一切を照らし、三途《さんず》を離れしむるに無上の力を得たり。このゆえにこの菩薩を号《ごう》して大勢至と名づく」とある。三途（地獄《じごく》・餓鬼《がき》・畜生《ちくしょう》の三種の苦しみの世界）から衆生《しゅじょう》を救済する力がとりわけ大きいことを象徴した尊名であるといえる。

同経には、「この菩薩が行く時、十方の世界は一切震動す」ともあり、勢至菩薩の力が強調されている。

◎智恵の光

観音菩薩《かんのんぼさつ》・勢至菩薩は阿弥陀如来の脇侍《わきじ》であると同経に説かれ、観音菩薩が慈悲を象徴するのに対して、勢至菩薩は、智恵の光で衆生をみちびくとされる。

智恵で救うとは、衆生に菩提心《ぼだいしん》を起こさせ仏道に引き入れることでもある。『大日経疏《だいにちきょうしょ》』には、勢至菩薩が仏心《ぶっしん》の種を衆生の心に植《う》え付け、それが傷つくことなく成長するよう守護してくれると説かれる。このことは、勢至菩薩を象徴する三昧耶形《さんまやぎょう》（シンボル）の未敷蓮華《みふれんげ》（まだ開いていない蓮華のつぼみ）でも示される。この形は、やがて花開いて悟りに向かう、衆生の心の内に秘められた仏心を示すものである。

『観無量寿経』によれば、勢至菩薩は一面二臂《いちめんにひ》で、頭上に宝瓶《ほうびょう》を戴《いただ》くとされる。宝瓶は、如意宝珠《にょいほうじゅ》と同じく、望むものを意のままに生み出すはたらきがあり、賢瓶《げんびょう》ともいう。密教の灌頂《かんじょう》や修法《しゅほう》では、壇上に五つの瓶を安置し、中に、宝石貴金属・薬・香料・穀物などを入れる。同様に、勢至菩薩の宝瓶には、財宝・香・薬などが入り、浄水《じょうすい》で満たされているという。密教の五瓶と同じく、勢至菩薩の宝瓶は、衆生を苦悩から救済するための、あらゆる手だてや智恵の表示であるといえる。

◎阿弥陀三尊《さんぞん》として

阿弥陀三尊（神奈川・浄光明寺蔵）。
中央が阿弥陀如来、その向かって左が勢至菩薩、右が観音菩薩。

阿弥陀如来・観音菩薩・勢至菩薩は、合わせて阿弥陀三尊とよばれるが、阿弥陀如来・観音菩薩が独自の信仰をあつめているのに対して、勢至菩薩が単独で信仰されることは、後述の月待《つきまち》信仰以外にほとんど見られない。

極楽浄土への往生《おうじょう》を願う者の臨終《りんじゅう》にあたって、阿弥陀如来が諸菩薩をひきいて衆生を迎えに来る様子を表現した「聖衆来迎図《しょうじゅらいごうず》」がある。阿弥陀如来のほか、観音・勢至をはじめとする二十五菩薩が雲に乗って来臨《らいりん》する光景が描かれる。ここで、観音菩薩と勢至菩薩は阿弥陀如来の前、全体の先頭に在って往生者を迎える役割であり、観音菩薩は、往生者を載せる蓮台《れんだい》をささげ持ち、勢至菩薩は、往生を讃嘆《さんだん》して合掌《がっしょう》する姿に表現されることが多い。他の菩薩衆は、笛や琵琶《びわ》・琴・鉦《かね》・鼓《つづみ》ほかさまざまな楽器を奏《かな》で、舞い踊り、花びらを散らして極楽浄土の光景を示しつつ、往生者を雲のかなたにみちびいて行く。

浄土教《じょうどきょう》の臨終作法として、かつては、聖衆来迎図を部屋に掛け、臨終を迎える人と聖衆来迎図の阿弥陀如来を五色の糸で結び、極楽往生を祈る儀式が行われていたという。

大勢の聖衆を省略し、阿弥陀三尊として表現される場合も、また、「十三仏曼荼羅《まんだら》」に描かれる場合も、聖衆来迎図と同様に、勢至菩薩は合掌の姿で表されるのが一般的である。

◎二十三夜待《にじゅうさんやまち》

現代、月をめでる風習はほぼ十五夜《や》に限られるであろう。中秋《ちゅうしゅう》の名月の時期、各地でススキや団子をおまつりして観月会《かんげつえ》が行われている。しかし、かつて月の祭りは十五夜だけではなかった。三日月待《まち》、十六夜待、十七夜待、十九夜待、二十二夜待、二十三夜待、二十六夜待など、それぞれの月齢《げつれい》の夜に、月の出を待ち、願いを掛ける行事が行われていた（月待信仰《つきまち》）。

このうち、最も多く行われていたのが二十三夜待だったという。三夜様《さま》とか、三夜供養《くよう》ともいい、女性の講《こう》とされることが多かったが、二十二夜を女性、二十三夜を男性の講とする地方もあった。

月齢二十三の月は、下弦《かげん》の半月に近い姿であり、午前〇時頃、東の空に現れる。集落の月待講《つきまちこう》の講員たちは、月の出を待つ間、飲食を共にしたり親睦《しんぼく》を深めたりしていたという。明和《めいわ》八年（一七七二）に出版された読み物である『操草子《みさおぞうし》』には、正・五・九月の二十三夜待には、一家一門はもちろん、心やすき友達、町内の人々が集まって、夜が更けるまで浄瑠璃《じょうるり》や謡《うたい》を楽しんだとある。

そして、二十三夜待の本尊とされたのが勢至菩薩であった。

月待信仰では、たとえば十三夜の本尊が虚空蔵《こくうぞう》菩薩、十五夜は大日《だいにち》如来など、それぞれに主尊《しゅそん》とされる尊格《そんかく》があるが、月の神である月天子《がってんし》は勢至菩薩の化身であるとみなされていたことから、二十三夜の勢至菩薩だけがことに信仰をあつめた。各地に供養の記念碑としての「二十三夜塔」とか、勢至菩薩をまつる「二十三夜堂」が残る。『観無量寿経』に説かれる智恵の光の仏様という性格が、月待信仰と結びついたものと考えられる。

二十三日が勢至菩薩と結びつくのは、「六斎日《ろくさいにち》」の信仰による。六斎日とは、毎月の八、十四、十五、二十三、二十九、三十日の六日で、この日は、ことに身を慎み戒律を守るべきとされた。六斎日は、それぞれ特定の尊格と結びつき、二十三日は勢至菩薩が本尊とされた。江戸時代、この日に勢至菩薩を念ずれば多くの罪を滅するとされたこともあり、二十三夜待が盛んになったとも考えられる。

◎勢至菩薩の真言

「オン　サン　ザン（ザン）サク　ソワカ」

阿弥陀如来《あみだにょらい》――三回忌《さんかいき》を守護する仏

◎無量の光と寿命

三回忌、冥土十王《めいどじゅうおう》の最後である五道転輪王《ごどうてんりんおう》の本地《ほんじ》とされたのが阿弥陀如来である。

サンスクリット語の原名に、①アミターバ（限りない光明を持つ者）と②アミターユス（限りない寿命を持つ者）の二種類があり、①は無量光《むりょうこう》、②は無量寿《むりょうじゅ》と漢訳された。したがって、無量光如来、無量寿如来ともよばれる。『阿弥陀経』には、この如来の光明が無量であり、十方の国を照らすのにさまたげになるものがないため、また、この如来の寿命とその仏国土《ぶっこくど》に住む衆生の数が無量であるから阿弥陀とよばれると、①②、二つの解釈をあげている。また、アミタがアムリタ（不死の霊薬とされる甘露《かんろ》）と結び付けられ、密教では甘露王《かんろおう》如来ともよばれる。不可思議光《ふかしぎこう》仏、尽十《じんじっ》方無碍光《ぽうむげこう》如来の名前もあり、弥陀《みだ》如来とも略される。

◎法蔵《ほうぞう》菩薩の誓い

『無量寿経』によれば、はるかな昔、世自在王《せじざいおう》如来という仏がこの世に現れた時、その説法を聴聞《ちょうもん》したある国王が、自分も悟りを得て衆生を苦しみから救う如来になりたいと一念発起《いちねんほっき》し、世自在王如来のもとで出家し、法蔵菩薩と名乗った。そして、五劫《ごこう》という時間をかけて衆生救済の手立てを考え（五劫思惟《しゆい》）、仏国土（極楽浄土）を作り、すべての衆生を極楽浄土へ迎え入れ、悟りに導こうと四十八項目の誓願《せいがん》を立てた。

ちなみに、五劫の劫とはきわめて長い時間の単位で、ある説では、「一辺が四十里《り》の大岩に、三年に一度（百年に一度ともいう）天女が舞い降りて羽衣《はごろも》で撫《な》で、その岩がすり減って無くなるまでの時間」とされる。その五倍であるから、はかり知ることもできない。それからまた長い時間、誓願の実行につとめ菩薩行《ぼさつぎょう》を実践し、その結果、悟りを開いて阿弥陀如来となり、西方十万億土のかなたにある極楽浄土で、現在も説法し、衆生を教化しているとされる。

◎極楽浄土

極楽という名称の由来については、『阿弥陀経』に、「（極楽の）衆生はもろもろの苦しみがあることなく、もろもろの楽《らく》のみを受けるから極楽と名づけられる」とある。

同経では極楽について、「宝でできた七重の玉垣《たまがき》や樹林、鈴の網によって飾られ、金・銀・瑠《る》璃《り》・水晶・珊瑚《さんご》・瑪瑙《めのう》・琥珀《こはく》などの七宝《しっぽう》でできた蓮池があり、八つのすばらしい特質をそなえた水がたたえられている。池の底には金の砂が敷き詰められ、蓮池の上には七宝で飾られた楼閣《ろうかく》が立ち、池の蓮は、青色の蓮は青光・黄色は黄光・赤色は赤光・白色は白光など、それぞれの色に輝いている。そこでは天の音楽が常に奏でられ、黄金の大地には曼陀羅華《まんだらけ》の花の雨が降り注ぐ。そして、白鳥や孔雀、鸚鵡《おうむ》、迦《か》陵頻伽《りょうびんが》（美しい声の想像上の鳥）などの鳥が仏の教えを歌っている。また、微風が吹き、樹々や宝網《ほうもう》を揺り動かして美しい音を立てる。鳥の声や風のそよぎの音を

阿弥陀如来（京都・法界寺蔵）

聞いて、極楽の衆生は仏《ぶっ》・法《ぽう》・僧《そう》を念じる」と、その美しさを讃えている。
このような極楽浄土のありさまを絵画として表現したものが「浄土曼荼羅」である。

◎九品《くほん》往生

阿弥陀如来の九品の印

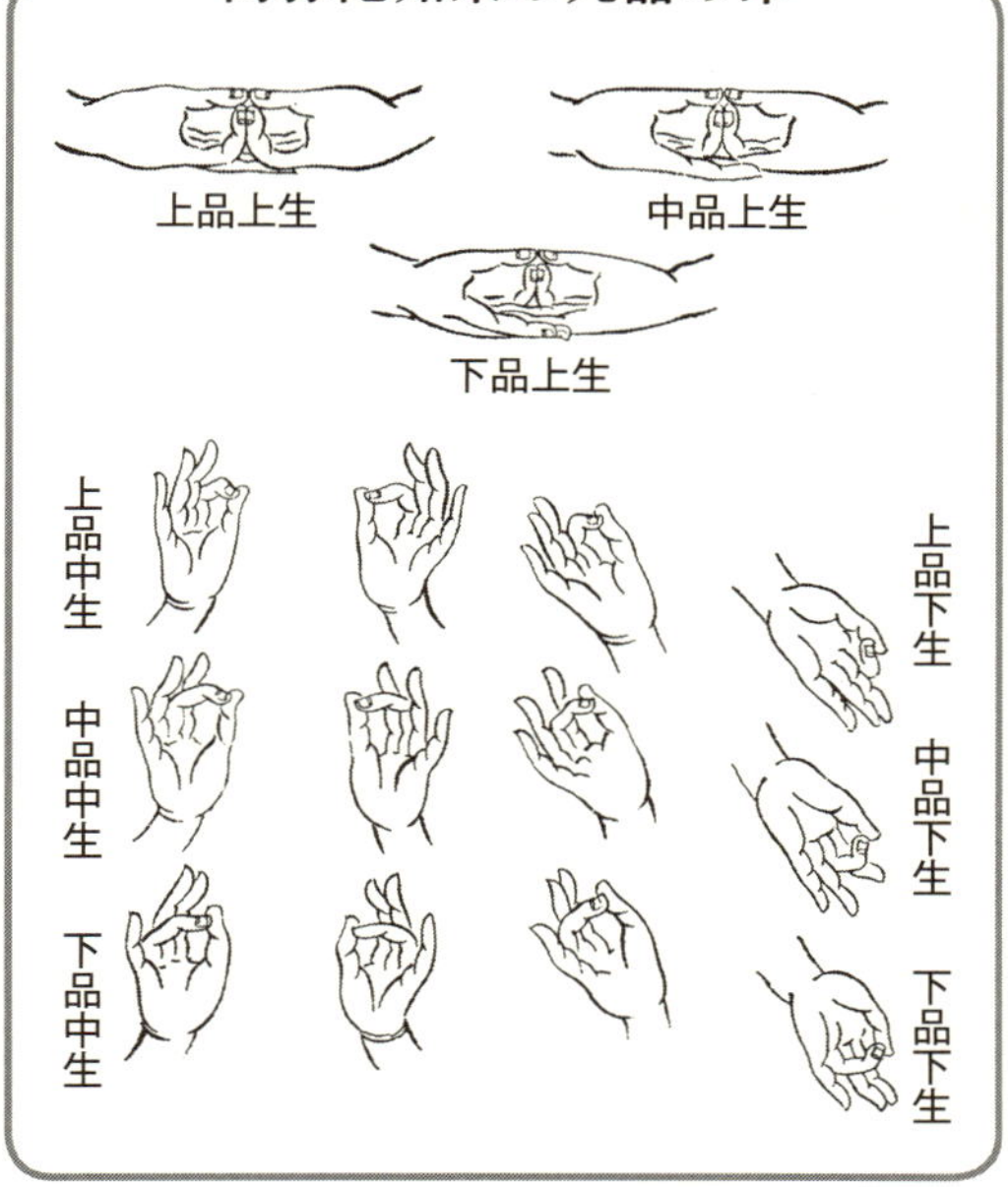

『阿弥陀経』『無量寿経』とともに、「浄土三部経」のひとつである『観無量寿経』には、衆生の資質や能力によって、極楽往生するにも九種類の相違があることが説かれる。大乗経典を読誦《どくじゅ》しているとか、戒律を守っている、父母に孝行しているなどの善行から、戒律を犯し、悪事を行っている者まで、衆生を上品《じょうぼん》・中品《ちゅうぼん》・下《げ》品《ぼん》の三種に分かち、それぞれの程度によって、極楽浄土への往生の方法と極楽での成仏がまた三種（上生《じょうしょう》・中生《ちゅうしょう》・下《げ》

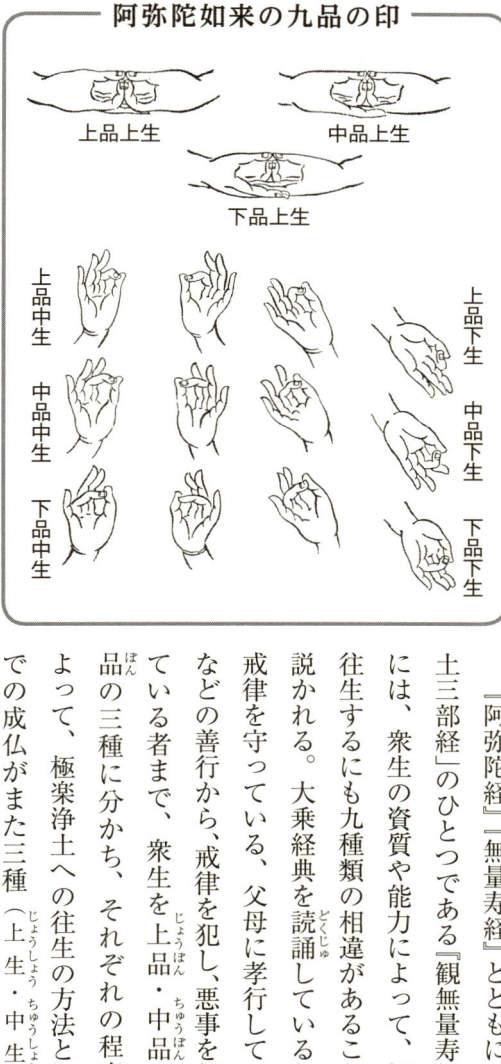

生《しょう》）に分かれ、合わせて、上品上生から下品下生までの九種となり、九品往生とよばれる。
阿弥陀如来の印《いん》には、定印《じょういん》（上品）・説法印《せっぽういん》（中品）・来迎印《らいごういん》（下品）の三種があり、それぞれの印を上生・中生・下生の三種に分けて、合計九体の阿弥陀如来（九体仏）をまつることもある。

◎浄土信仰

阿弥陀如来の四十八願のうち、第十八願に、「衆生が極楽へ生まれたいと願い念仏《ねんぶつ》するなら、必ず往生させる」とある。この誓願（本願《ほんがん》）を信じることが浄土信仰であり、発心《ほっしん》し、往生を願うならば、臨終の際に阿弥陀如来が来迎し、極楽浄土へ迎えられるとされる。

浄土信仰は、『阿弥陀経』『無量寿経』などの浄土経典の成立とともにインドで誕生した。大乗仏教初期の大思想家である龍樹《りゅうじゅ》や世親《せしん》（天親《てんじん》）の著作に、浄土往生の思想が見られる。中国では、東晋《とうしん》（三一七～四二〇）の時代に浄土教が興隆し、廬山《ろざん》（現在の江西省《こうせいしょう》九江市）に東林寺《とうりんじ》を建立《こんりゅう》した慧遠《えおん》（三三四～四一六）が念仏結社《けっしゃ》である「白蓮社《びゃくれんしゃ》」を結成した。この念仏は『般舟三昧経《はんじゅざんまいきょう》』にもとづくもので、阿弥陀如来の姿を瞑想により観想することであった。その後、曇鸞《どんらん》は『浄土論註《ちゅう》』（『往生論註』）を著《あらわ》して、末法《まっぽう》の時代には阿弥陀如来の本願力《ほんがんりき》（他力《たりき》）を信ずる以外に往生し成仏することはできないとし、七世紀に道綽《どうしゃく》（五六二～六四五）と弟子の善導《ぜんどう》（六一三～六八一）は、

「南無阿弥陀仏《なむあみだぶつ》」と阿弥陀如来の名号《みょうごう》を称《とな》える称名《しょうみょう》念仏を鼓吹《こすい》して人々の教化につとめた。

日本では、奈良時代に智光《ちこう》により浄土教が説かれたのを初めとし、平安時代には、天台宗《てんだいしゅう》で常行三昧《じょうぎょうざんまい》にもとづく念仏が広まった。また、貴族の間に浄土信仰が高まるほか、念仏聖《ひじり》・阿弥陀聖とよばれた空也《くうや》（九〇三～九七二）が「南無阿弥陀仏」と称えながら市中を遊行《ゆぎょう》し、一般庶民に浄土信仰を広めた。

末法思想が流行する中、源信《げんしん》（九四二～一〇一七）の『往生要集《ようしゅう》』は、往生念仏信仰の発展に大きな影響を与えた。鎌倉時代には、法然《ほうねん》（一一三三～一二一二）が『選択《せんちゃく》本願念仏集』を著して浄土宗《じょうどしゅう》を開き、弟子の親鸞《しんらん》（一一七三～一二六三）が浄土真宗《じょうどしんしゅう》の祖となった。時宗《じしゅう》開祖である一遍《いっぺん》（一二三九～一二八九）の踊り念仏も知られる。

◎阿弥陀如来の真言

「オン　アミリタ　テイセイカラ　ウン」

7

七回忌・十三回忌・三十三回忌の仏

阿閦如来《あしゅくにょらい》——七回忌《しちかいき》を守護する仏

◎十王に続いて

阿閦如来

中国で生まれた冥土《めいど》の十王は、ひとまず三回忌の五道転輪王《ごどうてんりんおう》で完結し、五道転輪王の本地《ほんじ》の尊格《そんかく》として阿弥陀《あみだ》如来が充てられた。

その後、日本では南北朝《なんぼくちょう》から室町《むろまち》時代に十仏信仰から十三仏信仰に発展し、阿閦如来、大日《だいにち》如来、虚空蔵菩薩《こくうぞうぼさつ》の三尊が付加される。そこで、中国起源の十王を仏教尊格に充《あ》てたのと逆に、阿閦如来、大日如来、虚空蔵菩薩のそれぞれについて、蓮上《れんじょう》王（阿閦如来）、抜苦《ばっく》王（大日如来）、慈恩《じおん》王（虚空蔵菩薩）という、十王に続く冥土の王が考案された。なお、名称には異同もある。この三王に十王までの審判官としての性格はなく、主体は阿閦・大日・虚空蔵という仏教尊格であり、便宜的に充当したもののようだ。

◎堅固《けんご》な菩提心《ぼだいしん》

七回忌の本尊は阿閦如来。阿閦は、サンスクリット語のアクショービヤの音写《おんしゃ》語で、「動揺しないもの、動かないもの」を意味する。不動如来《ふどう》、無動仏《むどう》と漢訳され、ここから不動明王《ふどうみょうおう》を思い起こすが、確かに無関係ではない。『底哩三昧耶経《ちりさんまやきょう》』という不動明王を説く経典には、「不動という言葉は、菩提心がしっかりと定まって揺らぐことがないという意味」とある。

釈迦《しゃか》如来が悟りを得る前に、魔王が武器を執《と》って襲いかかったり、化け物となって脅《おど》かしたり、妖艶な美女を差し向けて誘惑したりと、さまざまな方法で邪魔をしたという。ところが、釈迦如来の心は少しも乱れることなく、魔王の妨害は徒労に終わった。このように、釈迦如来の成道《じょうどう》説話《せつわ》に見られる「菩提心が堅固であること」が、不動明王の根本要因をなしているとも説かれる。

◎触地印《そくちいん》

阿閦如来も同じ性格を持った尊格であり、それは、仏像の姿からも知られる。

阿閦如来の図像的特徴のひとつは、右手を垂《た》らして地に触れる触地印だが、触地印は、釈迦如来が悟りを開いた姿である。

妨害を退《しりぞ》けて悟りを開いた釈迦如来に、誰が悟りを証明するのかと魔王が迫った。そこで、釈迦如来が右手で大地に触れると、大地の神が出現して証明したという降魔《ごうま》成道《じょうどう》の説話の主題が阿閦如来にも受け継がれている。不動明王と同じく、「堅固な菩提心」を象徴した尊格が阿閦如来であるといえる。

◎怒らないという誓願《せいがん》

一方、阿閦如来は阿弥陀如来と同じく、浄土の教主でもある。『阿閦仏国経《ぶっこく》』によれば、昔々、東方の阿比羅提国《あびらだいこく》の大目如来《だいもく》（大日如来ではない）のもとで、ある比丘《びく》が「どんなことがあっても怒らない」という誓いを立てた。そこで、怒ることがない心を養うことにより、何ものにも執着せず、すべての物事に心を動かされることがないということで、かの国の諸菩薩は、比丘を阿閦菩薩と呼んだ。阿閦菩薩は大目如来のもとで修行にはげみ、煩悩《ぼんのう》に動かされることがないという境地に到り、ついには悟りを開いて阿閦如来になった。そして、阿比羅提国を自らの仏国土として、今もそこで教えを説いているという。

◎阿比羅提国《あびらだいこく》

阿比羅提国は、阿弥陀如来の極楽浄土《ごくらく》に対比される浄土で、妙喜国《みょうき》、また歓喜国《かんぎ》、善快浄土などと漢訳される。極楽浄土と同じく、地獄《じごく》・餓鬼《がき》・畜生《ちくしょう》などの苦しみは存在せず、病気もなく、衣食住の環境はすばらしい。人々は身体を安楽に、心を平静にたもっており、阿閦如来のおもむくところはどこでも、足元に金色の蓮華が開く。この世界は、常に阿閦如来の光明《こうみょう》に照らされており、阿比羅提国に生まれたいと願えば、臨終の際に阿閦如来が導いてくれるという。

このように、阿比羅提国は浄土の一種であるが、阿弥陀如来の極楽浄土信仰が隆盛をきわめたのに対し、阿閦如来の浄土を求める信仰はそれほど盛んになることはなかった。ただ、『維摩経《ゆいまきょう》』「見阿閦品《けんあしゅくほん》」では、この経典の主役であり、在家《ざいけ》の立場でありながら空《くう》の思想に通じた維摩居士《ゆいまこじ》が妙喜国から生まれてきたと記され、神通力《じんづうりき》によって妙喜国のすばらしさを見た人々が、菩提心を発《おこ》して妙喜国への往生を願ったと説かれている。

◎五智《ごち》如来

単独ではそれほど信仰をあつめることがなかった阿閦如来であるが、密教では、五智如来（本書・第一部「金剛界曼荼羅《こんごうかいまんだら》と大日如来」の項を参照）の一尊として重要な位置を占めている。

大日如来を中心とする金剛界曼荼羅では、中央の大日如来の四方を、阿閦（東方）、宝生《ほうしょう》（南方）、阿弥陀（西方）、不空成就《ふくうじょうじゅ》（北方）の四如来が取り囲む。阿弥陀が位置する西方は極楽浄土、阿閦の東方は阿比羅提国ということからも、密教以前に生まれた尊格が、本来の位置の特性を維持したまま曼荼羅に取り込まれたことがわかる。

密教では、大日如来が具《そな》える「法界体性智《ほっかいたいしょうち》」（世界のすべてのものの根底にある真理そのものを体現する最高の智恵）のほか、「法界体性智」を四方面に分割して、

・大きな鏡のようにすべてのものをありのままに映し見る「大円鏡智《だいえんきょうち》」
・すべてのものが平等であると悟る「平等性智《びょうどうしょうち》」
・すべてのものごとを正しく観察する「妙観察智《みょうかんざっち》」
・あらゆることを成就させる「成所作智《じょうしょさち》」

の四種の智恵とし、「法界体性智」と合わせて五智とよぶ。

「大円鏡智」以下の四智は、順に、阿閦、宝生、阿弥陀、不空成就の四如来が象徴しているとされ、大日如来と四如来を合わせて五智如来とよぶ。

金剛界曼荼羅では全体を五部（五種類の尊格グループ）に分けるが、「大円鏡智」を象徴する阿閦如来に代表される金剛部《こんごうぶ》は、金剛（ダイヤモンド）にもたとえられる大日如来の「堅固な智恵のはたらき」を表す。金剛部に属する尊格はそれぞれ、煩悩を打ち破る如来の堅固な智恵を表示する金剛杵《こんごうしょ》を手に持つ。

◎阿閦如来の真言

「オン　アキシュビヤ　ウン」

▼大《だい》日《にち》如《にょ》来《らい》——十三回忌《じゅうさんかいき》を守護する仏

（大日如来については、本書・第一部で、すでに詳しく見ているため、簡潔な解説にとどめる。）

◎大宇宙の大いなる命

十三回忌をつかさどるのは大日如来である。

大日は、サンスクリット語のマハー・ヴァイローチャナの漢訳で、光り輝く者の意味。遍照《へんじょう》とも訳され、摩訶毘盧遮那《まかびるしゃな》と音写されることもある。『大日経《だいにちきょう》』および『金剛頂経《こんごうちょうきょう》』に説かれる真言密教の教主であり、大宇宙の根本の真理・大いなる命そのものを体現した仏とされる。

大日如来の智恵は、阿閦如来についての解説のなかで示した「法界体性智」であり、大宇宙の大いなる命そのもので、過去・現在・未来を通じて滅することがない。

◎六大《ろくだい》として

金剛界大日如来
（千葉・成田山新勝寺蔵）

大日如来は、仏像や仏画に、智拳印《ちけんいん》を結んだ金剛界《こんごうかい》大日如来、あるいは定印《じょういん》を結んだ胎蔵界《たいぞうかい》大日如来として表現されるのはいうまでもないが、このような限定された姿としてのみ現れるのではない。

密教では、宇宙は六大（六種類の本体的要素）から構成されると考える。六大とは、地大《ちだい》・水大《すいだい》・火大《かだい》・風大《ふうだい》・空大《くうだい》・識大《しきだい》のこと。

地大とは、大地がこの世界のあらゆるものを支えているように、一切のものを支え持つはたらき。水大とは、清涼な水が人々を楽しませ、潤すように、あらゆるものにみずみずしい喜びを与えるはたらき。火大とは、火がすべてのものを燃やすように、無智を焼き滅ぼすはたらき、また、太陽のぬくもりが植物を生育させるように、衆生の仏心を伸ばすはたらき。風大とは、風が塵を吹き飛ばすように、煩悩の塵《ちり》を吹き払うはたらき。空大とは、大空に障害物がないように、とらわれなく伸びやかなはたらき。識大とは、地大から空大までの五大《ごだい》を貫いている心とされる。

地水火風空の五大は、このように、科学的に見た宇宙の構成要素ではない。大日如来の智恵、いのちのはたらきとして考えられている。宇宙に遍満《へんまん》しているから「大」の字がつけられた六大は、あらゆるものの中に具《そな》わっている。六大がそのまま大日如来であり、大日如来が六大という形で現れているといえる。つまり、大日如来は宇宙全体を包み込むような存在であるとともに、あらゆるものの中に宿っているのである。

◎法身説法《ほっしんせっぽう》

過去世で発心《ほっしん》し、長期間の修行の結果、如来となって極楽浄土や阿比羅提国で衆生を教化《きょうけ》している阿弥陀如来や阿閦如来。また、具体的な姿を現出《げんしゅつ》して衆生を導く地蔵《じぞう》菩薩や観音《かんのん》菩薩。このような尊格のあり方と比較して、大日如来はずいぶん異なっている。六大に見られるような汎神論的《はんしんろんてき》な大日如来のありようは法身とよばれる。

仏教の黎明期《れいめいき》には、如来といえば現世に生きた釈迦如来だけであった。ところが、釈迦如来の悟りの真理は釈迦如来の存在とは関わりなく、釈迦如来の誕生以前のはるか昔から、入滅《にゅうめつ》後の後世まで永遠不滅のものであるとする考え方が起こり、真理（法）自体を如来とみなし、法身（理法そのものを身体とする者）とよんだ。この考え方にもとづくと、釈迦如来は、衆生教化のためにインドに応現《おうげん》した仏、応身《おうじん》ということになる。なお、阿弥陀如来や阿閦如来など、菩薩としての修行の結果、如来となり功徳をそなえた仏は報身《ほうじん》とよばれる。

法身は無機的な真理そのものであり、色も形もなく、説法することはないと密教以外の宗派は考えた。ところが、真言宗《しんごんしゅう》では法身説法を説く。法身大日如来は常に説法をし、実在の姿をしているとする。六大で見たように、あらゆるものが大日如来の姿であるのだから、若葉のきらめきや、木々をわたる風の音、夕焼けの輝きなど、すべてのものが大日如来の神秘的な説法だといえる。

弘法大師空海《こうぼうだいしくうかい》はこれについて、「乾坤《けんこん》は経籍《きょうせき》の箱なり」（『性霊集《しょうりょうしゅう》』）という言葉を残している。乾坤、すなわち世界の森羅万象《しんらばんしょう》すべてが経典を収めた箱だというのである。また空海は、「六塵《ろくじん》ことごとく文字なり」（『声字実相義《しょうじじっそうぎ》』）ともいい、視覚・聴覚・嗅覚・味覚・皮膚感覚・意識などの対象となる六塵（色や形、音、匂い、味、触覚、概念など、六種の認識対象）がすべて、真理を語っているとした。

◎大日如来の真言

金剛界大日如来「**オン　バザラダトバン**」
胎蔵界大日如来「**オン　アビラウンケン**」
金胎不二《こんたいふに》大日如来「**オン　アビラウンケン　バザラダトバン**」

虚空蔵菩薩《こくうぞうぼさつ》――三十三回忌《さんじゅうさんかいき》を守護する仏

◎三十日秘仏《ひぶつ》

十三仏もいよいよ最後となった。三十三回忌の主宰尊《しゅさいそん》が虚空蔵菩薩である。

虚空蔵菩薩

本書・第二部の最初の「十三仏を知るために」の項で示したように、十三という数字は胎蔵界曼荼羅《たいぞうかいまんだら》に由来しているが、虚空蔵菩薩と十三の関連については、三十日秘仏の十三日に虚空蔵菩薩が配当されていることにもとづくようだ。

三十日秘仏とは三十日仏名《ぶつみょう》ともいい、中国の五代の時代に湖北省《こほくしょう》五祖山《ごそざん》の戒禅師《かいぜんじ》が、一ヶ月三十日のそれぞれに、一日の定光仏《じょうこうぶつ》から三十日の釈迦如来《しゃかにょらい》まで、礼拝供養《らいはいくよう》すべき仏菩薩を定めたものである。この信仰は日本にも伝わり、虚空蔵菩薩のほか、八日の薬師《やくし》如来、十八日の観世音《かんぜおん》菩薩、二十四日の地蔵《じぞう》菩薩、二十八日の大日《だいにち》如来・不動明王《ふどうみょうおう》などがよく知られ、縁日《えんにち》となっている。

◎虚空を蔵《くら》とする

虚空蔵とは、サンスクリット語のアーカーシャ・ガルバの訳語で、アーカーシャは虚空、ガルバは蔵・宝庫《ほうこ》を意味する。合わせて「虚空を蔵とする者」となり、「大地を蔵とする」地蔵菩薩と対称的な尊格《そんかく》であることがわかる。ガガナ・ガンジャという別名もあり、同様に、ガガナは虚空、ガンジャは蔵の意味を持つ。

地蔵菩薩は、植物や鉱物ほか、さまざまな物を生み出し、すべてを支える大地の徳の象徴であったが、何も存在しない虚空にどのような徳性を象徴させたのだろうか。

『大集経《だいじっきょう》』「虚空蔵菩薩品《ほん》」によれば、虚空蔵菩薩は、虚空の中から華・香《こう》・宝石などさまざまなものを出現させて衆生《しゅじょう》に与えるとされる。以前、インドの聖者が空中からさまざまな物を出現させる奇跡が有名になったことを思い出す。インドの伝統として、虚空は無限の倉庫であるという考えがあるのかもしれない。

また、同経には、「虚空はその果てもなく、どこまで行っても把握しつくすことができないのと同じく、如来の智恵も広大で無辺《むへん》である」という言葉がある。『観音経《かんのんぎょう》』にも、観音菩薩の智恵を表す「広大智恵観《こうだいちえかん》」という言葉があるが、衆生をみちびくための智恵のすばらしさを、どちらも空の広さにたとえたものである。そして、仏の智恵を望むならば、虚空蔵菩薩は、虚空から説法するとも説かれる。智恵を与えるということである。財施《ざいせ》であれ法施《ほうせ》であれ、求めに応じて衆生に与えるというのが虚空蔵菩薩のはたらきであるといえる。

◎インターネット

現代のコンピュータ社会で、インターネットは誰にとってもごく身近なものとなった。書斎のコンピュータ、あるいはポケットにしまったスマートフォンがインターネットとつながり、調べものをしようと思えば、どんなことであっても世界中のウエブサイトにアクセスし、情報を得ることができる。また、自分のデータを自らのパソコン内に保存するのではなく、インターネット上のどこかに預けるという方法も広く用いられている。その場所はクラウド（雲）と呼ばれ、あたかも虚空の中に記憶を貯蔵するイメージがある。虚空蔵菩薩の智恵の蔵もこれに似ている。あらゆる知識や智恵は虚空の中に蓄積されており、礼拝供養することによって、それをいただくことができるということである。

◎智恵をさずけるほとけ

智恵を得る方法として虚空蔵菩薩を本尊とする「虚空蔵求聞持法《ぐもんじほう》」という修法がある。虚空蔵菩薩の真言を作法に則《のっと》って百万回唱えるというもので、超人的な記憶力（聞持）が身につき、ひとたび見聞きしたことは決して忘れることがなくなるという。

この法は、奈良時代に大安寺《だいあんじ》の道慈《どうじ》が入唐《にっとう》して善無畏《ぜんむい》から受けた。その後、道慈から善議《ぜんぎ》、勤《ごん》操《そう》、空海《くうかい》に伝えられた。弘法大師《こうぼうだいし》空海は、この教えを受けたことが縁《えん》となり、大学を中退して大自然の中で修行の日々を送った。四国を遍歴《へんれき》するうち、阿波《あわ》の国の大瀧嶽《たいりょうがたけ》や土佐《とさ》の室戸岬《むろとのみさき》の洞窟で虚空蔵求聞持法を修し、虚空蔵菩薩の化身である明星《みょうじょう》が現れ、弘法大師の口に飛び込んだという伝説はよく知られている。

強烈な体験を経て、弘法大師は『大日経《だいにちきょう》』に出会い、入唐を志《こころざ》すことになるが、善無畏の系譜につながる求聞持法が大師を密教《みっきょう》にみちびき、同じく善無畏の訳した『大日経』が入唐の縁になったことは不思議である。

また鎌倉時代には、日蓮《にちれん》が十二歳で仏門に入ったとき、清澄寺《せいちょうじ》の本尊であった虚空蔵菩薩に「日本一の智者となしたまえ」と願《がん》を掛け、二十一日間の修行満願《まんがん》の日に、智恵の象徴である明星のような宝珠を右の袖《そで》に受け取ったという伝説もある。

このように智恵のイメージが強い虚空蔵菩薩は、子供に智恵を授けてくれる尊格として信仰されており、男女とも十三歳になれば虚空蔵菩薩の寺にお参りする習俗《しゅうぞく》がある。

◎宝珠《ほうじゅ》と剣

虚空蔵菩薩の姿は、如意宝珠《にょい》と剣が特徴である。剣を持たず与願印《よがんいん》を示す像も見られる。不動明王や文殊菩薩と同じく、剣は智恵の象徴であり、如意宝珠は、もちろん福徳《ふくとく》を表現している。単独尊でまつられることが多いが、五尊一組の五大虚空蔵という形式もある。これは、金剛界《こんごうかい》の五智《ごち》如来（大日《だいにち》・阿閦《あしゅく》・宝生《ほうしょう》・阿弥陀《あみだ》・不空成就《ふくうじょうじゅ》）がそれぞれ如意宝珠の三昧《さんまい》に入り、虚空蔵菩薩の姿をとったものといい、法界《ほうかい》虚空蔵（大日　能満《のうまん》虚空蔵とも）などの名称でよばれる。五智如来が全体に福徳方面にシフトした姿と言えるだろうか。

五大虚空蔵の修法《しゅほう》は、福徳寿命を増し、望みを叶え、天変地異を消す功徳《くどく》があるとされ、古来より宮中では、干支の組み合わせからよくない年回りとされる辛酉《かのとり》年に、災難除け祈願として行われ、金門鳥敏法《かのとどりどしのほう》とよばれた。

◎虚空蔵菩薩の真言

「ノウボウ　アキャシャ　ギャラバヤ　オン　アリキャ　マリボリ　ソワカ」

8 十三仏のまとめ

◎十三仏の役割

この本書・第二部では、不動明王《ふどうみょうおう》から虚空蔵菩薩《こくうぞうぼさつ》まで十三仏の尊格《そんかく》それぞれについて、代表的な経典、功徳、姿の特徴、信仰文化などを見てきた。ただし、解説にあたって、初七日《しょなのか》から三《さん》十三回忌《じゅうさんかいき》に到るまでの、亡者の旅路におけるそれぞれの尊格の役割を必ずしも考慮したわけではない。

十三仏信仰の始まりは、『十王経《じゅうおうきょう》』に見られるように、冥土《めいど》の十王が亡者を審判する際に、保護、援助してくれる尊格というはたらきが強かったであろう。しかし、現代の追善供養《ついぜんくよう》の儀礼の中で、この役割に対する期待は薄らいでいるように見受けられる。

つまり、厳しい審判に対する怖れの感情よりも、十三仏それぞれのみちびきによって亡者のたましいが浄化されてゆくというはたらきを願う意識が強いのではないだろうか。

◎十三仏のみちびき

そのような意味で、あらためて、不動明王から虚空蔵菩薩まで、十三仏各尊の役割を考えてみたい。

ただ、本書・第二部の最初の「十三仏を知るために」の項で見たように、十三仏の構成には、地蔵《じぞう》菩薩信仰、浄土《じょうど》信仰、釈迦如来《しゃかにょらい》信仰、密教系要素などさまざまな要因が組み込まれており、尊格の構成・順序について、ただひとつの論理だけで説明を尽くすことはできない。

まず、初七日に不動明王が登場するが、これはチベットの『死者の書』を思い起こさせる。『死者の書』では、人が亡くなると、まず寂静尊《じゃくじょうそん》とよばれる大日《だいにち》如来や阿弥陀《あみだ》如来などの五智《ごち》如来が穏やかな姿で眷属《けんぞく》（従者）をひきいて現れ、強い光で亡者をみちびく。従わなかった場合、次に恐ろしい姿をした忿怒尊《ふんぬそん》が現れるという。寂静尊であれ、忿怒尊であれ、自らを守護してくれると信じてまかせば解脱《げだつ》の道を歩むのだが、そうでなければ、再び輪廻《りんね》の道に入り、苦しむことになる。

日本でも、死者には魔物が取り憑《つ》いてくるといい、魔物を退《しりぞ》けるために、護り刀を遺体の上に置いたりする習慣が残っている。

十三仏の最初に忿怒尊の不動明王が現れるのは、チベットと順序が異なる。しかし、ここで不動明王が現れるのは、死というまだかつて体験したことのない大変な事件に遭《あ》って、動揺しているたましいに取り付く魔物をしりぞけ、亡者を力強く仏様の方へ導いて下さり、仏道修行の障《さわ》りを払ってくれるという意味がこめられているのではないかと思う。

次の釈迦如来（釈尊《しゃくそん》）のもとでは、四諦八正道《したいはっしょうどう》に始まる仏教の基本的な教えを学ぶことになる。真言宗《しんごんしゅう》の引導《いんどう》作法を例にとれば、葬儀の際に、亡者は出家得度《しゅっけとくど》作法を受け、仏弟子として歩む戒《かい》を授かっている。仏道を学ぶ準備は整っているということである。

そして、三七日《さんしちにち》の文殊《もんじゅ》菩薩には智恵を授かり、四七日《ししちにち》の普賢《ふげん》菩薩には修行を教わる。振り返れば、文殊菩薩は『般若経《はんにゃきょう》』の智恵の体現者であり、普賢菩薩は、『華厳経《けごんぎょう》』「入法界品《にゅうほっかいぼん》」に説かれる善財童子《ぜんざいどうじ》に、真実を求めてどこまでも続けていくべき修行の道を説いた菩薩であった。

五七日《ごしちにち》の地蔵菩薩だが、地蔵菩薩は閻魔法王《えんまほうおう》との関係が強く、ここでは亡者の指導というより は救済というはたらきが強く現れていると考えられる。ただ、亡者をみちびく教えの特徴を特記すれば、地蔵菩薩の誓願《せいがん》である「代受苦《だいじゅく》」に見られる、徹底的な利他行《りたぎょう》の心であろう。

六七日《ろくしちにち》には弥勒《みろく》菩薩が続く。慈氏《じし》菩薩という別名があるように慈悲を象徴した尊格であり、亡者に慈悲心を授けると考えられる。また弘法大師《こうぼうだいし》信仰との関連も深く、兜率往生《とそつおうじょう》信仰に応える という意味もあるだろう。

七七日《しちしちにち》の薬師《やくし》如来は、衆生《しゅじょう》の苦しみを除く十二願からも知られるように、中陰《ちゅういん》の期間が終わるときに、そのみちびきによって亡者の苦悩をすべて取り去るはたらきがある。

百ヶ日《ひゃっかにち》の観音《かんのん》菩薩から三回忌《さんかいき》の阿弥陀如来までは、極楽浄土信仰の強い影響のもとにある。大慈悲の観音菩薩と力強い勢至《せいし》菩薩という両脇侍《わきじ》の尊格によって救われ、阿弥陀如来の極楽へ迎えられる。

ところが亡者は極楽浄土で安住するのではなく、阿閦《あしゅく》如来に不滅の菩提心《ぼだいしん》を授かり、再び仏道を歩みはじめる。ここからの導きは大日如来であり、大いなる命そのものの世界に亡者をみちびく。

サンスクリット文字の阿字《あじ》は大日如来の象徴であるが、弘法大師に、

「阿字の子が　阿字のふるさと　立出《たちい》でて　また立返《たちかえ》る　阿字のふるさと」

という歌がある。大宇宙のいのちから生まれた私たちが、再びその中に帰っていくのである。

そしてその「大いなるいのちの世界」は、決して荒涼たるところではなく、虚空蔵菩薩が示すように、如来の広大無辺の智恵と福徳に満たされた、大空を染める夕焼けにも似た、豊かなところなのだ。

——以上、私見ではあるが、十三仏の示す道程を考えてみた。

◎十三仏見送り和讃

最後に、葬儀の際に唱えられることがある「十三仏見送り和讃」を、次ページに示しておきたい。

現在、見ることも少なくなったが、葬儀ではかつて、この和讃のように、香炉《こうろ》・花・幡《はた》・みこし・天蓋《てんがい》などの役があり、遺族がそれぞれ受け持った。その役割を十三仏にまかせて、亡者がそれぞれの功徳によって極楽へみちびかれていく様子を巧みに表現している。

十三仏見送り和讃

帰命《きみょう》頂礼《ちょうらい》ありがたや
霊《たま》のみこしに身《み》を乗《の》せて
十三仏《じゅうさんぶつ》に見送《みおく》られ
不動《ふどう》たいまつ先《さき》に立《た》ち
茶菓子《ちゃがし》香炉《こうろ》は釈迦如来《しゃかにょらい》
智恵《ちえ》の文殊《もんじゅ》に幡《はた》を立《た》て
普賢菩薩《ふげんぼさつ》が花《はな》の役《やく》
地蔵菩薩《じぞうぼさつ》が道《みち》しるべ
弥勒薬師《みろくやくし》は縁《えん》の綱《つな》
観音勢至《かんのんせいし》はみこし役《やく》
天蓋捧《てんがいささ》げて弥陀如来《みだにょらい》
阿閦如来《あしゅくにょらい》は飲食《おんじき》を

大日如来《だいにちにょらい》は位牌《いはい》持《も》ち
虚空蔵菩薩《こくうぞうぼさつ》に手《て》を引《ひ》かれ
金剛杖《こんごうづえ》の力《ちから》にて
死出《しで》の旅路《たびじ》をやすやすと
六道辻《ろくどうつじ》も迷《まよ》わずに
三途《さんず》の川《かわ》も渡《わた》り越《こ》し
法《のり》の花咲《はなさ》く極楽《ごくらく》を
弥陀《みだ》の浄土《じょうど》へつきにけり
南無大師遍照尊《なむだいしへんじょうそん》
南無大師遍照尊《なむだいしへんじょうそん》

あとがき

「密教《みっきょう》」という言葉から人々が想像するのは、秘儀とか神秘性、そして、多くの仏像であろう。ことに祀《まつ》られる仏さまの多さについては、他の仏教とは全く異なる顕著な特徴と言える。

たとえば、浄土《じょうど》系の仏教が阿弥陀如来《あみだにょらい》あるいは、阿弥陀・観音《かんのん》・勢至《せいし》の阿弥陀三尊《さんぞん》のみを本尊とするのに対し、真言宗《しんごんしゅう》の寺院では多種多様な仏さまを本尊として祀っている。

密教に登場する尊格は、如来《にょらい》・菩薩《ぼさつ》・明王《みょうおう》・天部《てんぶ》の四種類に分けられるが、本尊とされる尊格《そんかく》は四種類すべてにわたる。

では多神教《たしんきょう》なのかと言えば、そうではない。

本書でも取り上げたが、金剛界《こんごうかい》と胎蔵界《たいぞうかい》のどちらの曼荼羅《まんだら》でも大日《だいにち》如来が中心であり、すべての尊格は大日如来のひとつの現れであると言える。そこで、「一門即普門《いちもんそくふもん》」という言葉があり、個別の仏さま（一門）を礼拝《らいはい》することは、そのまま、すべての仏さまを統合している大日如来（普門）を拝《おが》むことに通じるとされる。

思い立ったり、お参りに誘われたりして、ふとしたことから縁《えん》が生まれた仏さま、それが如来であろうと菩薩であろうと、また明王や天部であったとしても、信心を重ね、礼拝供養《くよう》するうちに、その仏さまを通じて、等《ひと》しく大日如来のすばらしい境地に達するという教えである。

密教に登場する多くの仏さまたちは、それぞれに豊かな信仰文化を育み、インドからの長い歴史を背景にしている。元はインド古来の神であったのが、仏教に取り込まれて守護神となったり、あるいは、名前を変えて仏教の尊格に生まれ変わった神もある。

本書では、密教尊格の特徴として「多面多臂《ためんたひ》」や「忿怒形《ふんぬぎょう》」を挙げたが、これも密教尊の母国であるインドからの伝統である。

安土桃山《あづちももやま》時代にキリスト教イエズス会の宣教師として日本に来たルイス・フロイスは、日本の仏像を見て悪魔だと言った。火に焼かれる悪魔の姿をしていて恐怖の念を起こさせるのだと。不動《ふどう》明王や五大《ごだい》明王を前に護摩祈祷《ごまきとう》を修している僧侶の姿に驚き、嫌悪したのに違いない。まことに浅薄《せんぱく》な理解だと言わざるを得ないが、ある意味で密教の本質の一面をつかんでいるのかもしれない。

恐怖の念を起こさせることが「聖なるもの」の特徴の一つだという神学者の指摘を本書でも紹介したが、荒々しさに人は惹《ひ》きつけられ、自らを振り返り、加護を願うものだ。

私が住職を務めている寺は四国《しこく》の不動霊場《れいじょう》の一つで、多くの不動明王信者が参拝に訪れる。参拝客に話を聞くと、「お不動さまはやさしい」と言う方がいる。忿怒の姿からは想像しにくい答えだが、自分のことを思って真剣に叱ってくれる心や、降りかかる災難を打ち払ってくれる力をお不動さまに感じて、有難《ありがた》い、慈悲深いと思うのだ。

仏像の姿は顔の表情から持物《じもつ》、台座《だいざ》に至るまで、すべて意味を持っているものだが、尊格について学び、教えを身につけていくうちに、ますます信仰が深くなっていくのだと思う。

本書・第二部では、十三仏《じゅうさんぶつ》を主題とした。

日本人の心の奥底にある他界《たかい》観と重なって、死が終わりではなく、魂の新たな歩みであり、葬儀から初七日《しょなのか》、満中陰《まんちゅういん》、そして一周忌《いっしゅうき》、三回忌《さんかいき》など年回忌法要の本尊として、頼もしき導き手である十三仏がいるのはとても心強いものだ。

本書では、密教に登場するそれぞれの仏さまについて、姿の意味や信仰文化の一端《いったん》を紹介した。この書物が機縁となって、多くの皆さまが密教の諸仏諸尊とご縁を結んで頂ければ、これに勝る幸いはない。

なお、『大法輪』誌掲載から出版に至るまで編集の労を取っていただいた大法輪閣編集部の佐々木隆友氏に心より感謝申し上げる次第である。

平成三十年 十二月 吉日

著者 下泉全暁

【著者紹介】

下泉 全暁（しもいずみ・ぜんぎょう）

1954年（昭和29年）、徳島県生まれ。京都大学工学部卒業後、京都大学文学部（仏教学）を卒業。現在、最明寺（徳島県・真言宗大覚寺派）住職。

著書に『不動明王』『地蔵菩薩』（以上・春秋社）、『不動明王の功徳』『観世音菩薩の功徳』『薬師如来の功徳』『地蔵菩薩の功徳』『仏さまの功徳と由来 諸尊経典要義』（以上・青山社）、共著には『密教仏像図典』（人文書院）、『史上最強 図解 般若心経』（ナツメ社）などがある。

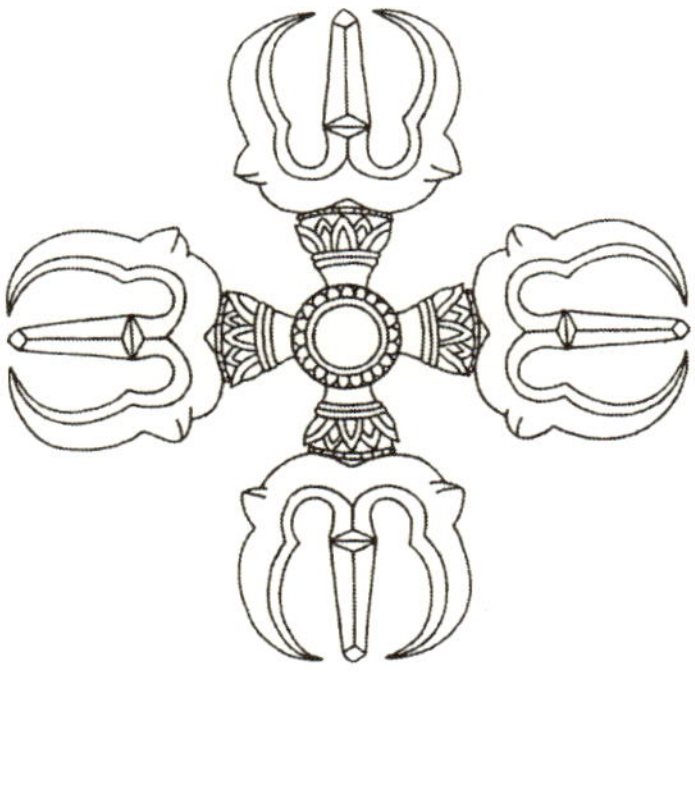

〈初出誌〉

本書は、月刊『大法輪』（大法輪閣刊）の下記の号に掲載された原稿をもとに、著者が加筆・改訂し、再編集したものです。

・2016年2月号～9月号　連載「《十三仏》信仰入門」
・2017年4月号～2018年3月号　連載「密教の仏たち」

密教の仏がわかる本——不動明王、両界曼荼羅、十三仏など

2019年2月 9日　初版第1刷発行
2024年7月26日　第3刷発行

著　者　下　泉　全　暁
発行人　石　原　俊　道
印　刷　三協美術印刷株式会社
製　本　東京美術紙工協業組合
発行所　有限会社 大　法　輪　閣
〒150-0022 東京都渋谷区恵比寿南 2-16-6-202
TEL 03－5724－3375（代表）
振替 00160－9－487196番
http://www.daihorin-kaku.com

ISBN978-4-8046-1412-0 C0015